约翰-科尔曼

塔维斯托克人际关系研究所

塑造美利坚合众国的道德、精神、
文化、政治和经济的衰落。

OMNIA VERITAS®

约翰-科尔曼

约翰-科尔曼（John Coleman）是一名英国作家，也是秘密情报局的前成员。科尔曼对罗马俱乐部、乔治-西尼基金会、福布斯全球2000强、宗教间和平座谈会、塔维斯托克研究所、黑人贵族和其他与新世界秩序主题接近的组织进行了各种分析。

塔维斯托克人际关系研究所
塑造美利坚合众国的道德、精神、文化、政治和经济的衰落。

THE TAVISTOCK INSTITUTE OF HUMAN RELATIONS
*Shaping the Moral, Spiritual, Political,
and Economic Decline of the United States of America*

译自英文，由Omnia Veritas有限公司出版。

© Omnia Veritas Ltd - 2022

OMNIA VERITAS.

www.omnia-veritas.com

塔维斯托克人际关系研究所对美国和英国的道德、精神、文化、政治和经济政策产生了深远的影响。它一直处于攻击美国宪法的最前沿。在大多数美国人民反对一战的时候，没有哪个团体为鼓励美国参加一战做了更多宣传。

塔维斯托克的社会科学家用同样的策略使美国参加了第二次世界大战、韩国、越南、塞尔维亚和与伊拉克的两场战争。塔维斯托克最初是在伦敦惠**灵**顿宫的一个宣传创作和传播组织，在第一次世界大战前夕，汤因比称之为
"那个虚假信息的黑洞"。在**另一个**场合，汤因比把惠灵顿宫称为
"谎言工厂"。惠**灵**顿宫从最初的有点简陋的开始，成为塔维斯托克研究所，并以**一种非常有争**议的方式塑造了德国、俄罗斯、英国和美国的命**运**。这些国家的人民不知道他们正在被
"洗脑"。在这本通俗易懂、具有权威性的书中，解释了
"精神控制"、"内在定向调节 "和大规模 "洗脑 "的起源。

天主教王朝的衰落、布尔什维克革命、第一次和第二次世界大战（这些战争摧毁了旧的联盟和边界）、宗教的震荡、道德的衰落、家庭生活的破坏、经济和政治进程的崩溃、音乐和艺术的颓废，都可以归因于塔维斯托克研究所的社会科学家所实施的大规模灌输（大规模洗脑）。在塔维斯托克的教员中，有西格蒙德-弗洛伊德的**侄子**爱德华-伯纳斯。据说德国第三帝国的宣传部长戈培尔先生使用了伯纳斯设计的方法以及威利-
蒙森伯格的方法，在这本关于过去、现在和未来的书中，他的非凡生涯被叙述了出来。没有塔维斯托克，就不会有第一次和第二次世界大战、布尔什维克革命，也不会有韩国、越南、塞尔维亚和伊拉克的战争。没有塔维斯托克，美国就不会在通往解体和崩溃的道路上急速前进。

鸣谢

我非常感谢我的妻子丽娜和我们的儿子约翰在本书编写的**每个**阶段提供的帮助、鼓励和长时间的工作、周到的批评和鼓励，包括对封面设计、研究和阅读资料的建议。

我还感谢丹娜-
法恩斯孜孜不倦的计算机工作和技术援助；感谢安-路易斯-吉特曼和詹姆斯-
坦普尔顿，他们鼓励我写这本书，让我在开始之前没有休息；感谢蕾妮和格兰特-
马根做日常工作，让我有时间集中精力写作。还要特别感谢Kinne   McCabe博士和Mike Granston，他们的忠诚和持续支持是我能够完成这项工作的**关**键因素。

前言

美国人民对塔维斯托克人际关系研究所一无所知，直到科尔曼博士在他的专著《塔维斯托克人际关系研究所：英国对美国的控制》中披露了它的存在。在此之前，塔维斯托克自1913年在伦敦的惠灵顿大厦成立以来，一直设法对其在塑造美国、美国政府和美国人民事务中的作用保密。

在科尔曼博士揭露这个绝密组织的原始文章发表后，其他人也站出来声称自己是作者，但却无法证实。

塔维斯托克研究所最初是一个宣传创作和传播组织，总部设在惠灵顿宫，目的是建立一个能够瓦解公众对英德之间即将爆发的战争的强烈抵制的宣传机构。

这个项目被委托给罗斯梅尔和诺斯克里夫勋爵，他们的任务是建立一个能够操纵公众舆论的结构，并将这种捏造的舆论引向支持英国对德国宣战的理想道路。

资金由英国皇室提供，后来由罗斯柴尔德家族提供，诺斯克里夫勋爵与他们有姻亲关系。阿诺德-汤因比被选为未来研究部主任。两位美国人沃尔特-李普曼和爱德华-伯纳斯被任命处理为美国加入第一次世界大战而操纵美国舆论的问题，并向伍德罗-威尔逊总统提供信息和指导。

从惠灵顿宫的一个有点初级的开始，一个强大有效的结构发展起来，它将以高度复杂的方式塑造德国、英国，特别是美国的命运，操纵和创造公众舆论，通常被称为"大规模洗脑"。

在其历史进程中，塔维斯托克的规模和雄心不断扩大，1937年，它决定以德国作家奥斯瓦尔德-斯宾格勒的巨著《西方的衰落》（*Untergange des Abenlandes*）为蓝本。

早些时候，惠灵顿宫董事会成员罗斯梅尔、诺斯克里夫、李普曼和伯纳斯阅读了科雷亚-莫伊兰-沃尔什的著作，特别是《文明的高潮》（1917年）一书，并将其作为指南，认为这与一个世界政府的新世界秩序出现之前需要创造的条件密切对应。

在这次冒险中，董事会成员与英国皇室协商，并获得了"奥林匹克"（300人委员会的核心成员）的批准，以制定一项战略。资金由君主制、罗斯柴尔德家族、米尔纳集团和洛克菲勒家族信托提供。

到1936年，斯宾格勒的巨著已经引起了后来的塔维斯托克研究所的注意。为了在不到12年的时间里第二次改变和重塑公**众**舆论，经董事会一致同意，斯宾格勒的巨著被采纳为新的工作模式的蓝图，以实现西方文明的衰落和必要的衰落，在一个世界政府内创造和建立一个新世界秩序。

斯宾格勒认为，外来因素越来越多地被引入西方文明，而西方将无法驱逐这些外来形式，从而注定了其作为一个社会的命**运**，**其内部信仰和**坚定信念将与外部职业相抵触，因此，西方文明将像希**腊**和罗马的古代文明一样解体。

塔维斯托克的想法是，斯宾格勒向西方文明灌输了驱逐消解外来因素的思想，就像罗马文明那样。欧洲--特别是斯堪的纳维亚、英国、德国、法国--（**盎格鲁**-撒克逊、北欧和阿尔卑斯山日耳曼人种）所遭受的基因损失，在第二次世界大战前就开始了，已经大到超出了所有的预期，而且在塔维斯托克经理的专业指导下以惊人的速度在继续。

过去非常罕见的事情已经成为一种普遍现象，一个黑人男子与一个白人妇女结婚，或者反之亦然。

两次世界大战使德意志民族几乎损失了四分之一的人口。德意志民族的大部分智力都被转移到了保卫祖国的战争渠道中，损害了科学、艺术、文学、音乐以及民族的文化、精神和道德进步。英国民族也可以这么说。在塔维斯托克的领导下，英国人放火烧了整个欧洲，根据塔维斯托克的计划造成了不可估量的损失，这与斯宾格勒的预言相吻合。

古典文明和西方文明是唯一能够给世界带来现代复兴的两**种文明。只要**这些文明仍在盎格鲁-
撒克逊人、北欧人、阿尔卑斯人和日耳曼人的控制之下，他们就会繁荣和进步。他们的文学、艺术、经典的无与伦比的美，女性的精神和道德的进步与相应的高度保护，是西方和古典文明与其他文明的区别。

斯宾格勒看到的正是这个据点越来越受到攻击，而塔维斯托克的思维则遵循平行的路径，但目标完全不同。塔维斯托克认为这种文明是新世界秩序到来的绊脚石，正如强调保护和提升女性的地位，使其获得极大的尊重和荣誉。

因此，塔维斯托克的主旨是通过攻击女性气质和作为西方文明基础的种族、道德、精神和宗教基础来使西方
"民主化"。

正如斯宾格勒所建议的那样，希腊人和罗马人致力于社会、宗教、道德和精神的进步以及对女性气质的保护，只要他们有控制权并能安排好事情，使政府由有限的负责任的公民管理，由普通民**众支持**，他们都是同一纯洁的、没有杂质的种族，他们就能成功。塔维斯托克规划者认为，打破西方文明平衡的方法是通过将控制权从应得的人转移到不应得的人身上来迫使种族发生不良变化，就像古罗马统治者被他们以前的奴隶和他们允许来到他们中间生活的外国人所取代一样。

到1937年，塔维斯托克已经走过了一段很长的路，它在惠**灵**顿宫的起步阶段和成功的宣传活动，通过操纵艺术和新

闻媒体的自愿合作，将1913年强烈反对战争的英国公众变成了自愿参与者。

这一技巧在1916年被应用于大西洋彼岸，操纵美国人民支持欧洲战争。尽管绝大多数人，包括至少50名美国参议员，都坚决反对美国被卷入他们认为本质上是英国和法国与德国之间的争斗，主要是关于贸易和经济的争斗，但阴谋家们并不畏惧。就在这时，惠灵顿-豪斯提出了"孤立主义者"一词，作为对那些反对美国参战的美国人的贬义描述。在塔维斯托克社会科学家的专业洗脑下，这些词和短语的使用激增。像"政权更迭"、"附带损害"这样的术语变得很常见。

随着塔维斯托克计划被修改以适应美国的情况，伯纳斯和李普曼带领伍德罗-威尔逊总统建立了第一个方法论技术，用于调查（制造）由塔维斯托克的宣传所创造的所谓公众舆论。他们还教威尔逊建立了一个秘密的"经理"团来管理战争工作，以及一个"顾问"团来协助总统的决策。克里尔委员会是美国成立的第一个这样的意见制定机构。

伍德罗-威尔逊是第一位公开宣布支持在社会主义"一个世界"政府内建立新世界秩序的美国总统。他在《新自由》一书中描述了他对世界新秩序的非凡接受。

他们说是"他的"书，但实际上是由社会主义者威廉-B-海尔写的。威尔逊谴责资本主义。"它与普通人背道而驰，给我们的经济带来停滞，"威尔逊写道。

然而，在当时，美国经济正经历着历史上前所未有的繁荣和工业扩张。

> "我们正处于一场革命之中--
> 不是一场血腥的革命，美国不是为流血而生的--

而是一场无声的革命，通过这场革命，美国将坚持回到她一直坚持的那些理想的实践中去，形成一个致力于捍卫普遍利益的政府。我们正处于这样一个时代的前夜：国家的系统生活将得到政府活动的支持或至少在各方面得到补充。现在我们必须确定这将是什么样的政府活动；首先，它是由政府本身指导的，还是间接的，通过已经形成并准备取代政府的工具。"

当美国在威尔逊总统的领导下仍是一个中立国时，惠灵顿宫不断地倾诉着关于德国和它对美国构成的所谓威胁的谎言。

我们记得巴枯宁在1814年的声明，它与威尔逊用来支持其论点的无耻宣传如此吻合。

"通过外交撒谎：外交没有其他任务。每当一个国家要向另一个国家宣战时，它首先要发表一份宣言，不仅向自己的臣民，而且向整个世界宣战。

在这份宣言中，她宣称法律和正义站在她这一边，并努力证明她是受和平和人类（以及民主）之爱的驱使，而且，在慷慨和和平情感的熏陶下，**她**长期以来一直默默忍受着，直到**她的**敌人越来越多的不义行为迫使她举起剑。

同时，它发誓，它不属于一切物质上的征服，也不寻求领土的增加，一旦正义得到恢复，它将立即结束这场战争。而它的对立面也以类似的宣言作为回应，在宣言中，权利、正义、人性和所有慷慨的情感都分别站在它这一边。这些相互对立的宣言以同样的口才写成，它们呼吸着同样的义愤填膺，一个和另一个一样真诚，也就是说，它们的谎言都是无耻的，只有**傻瓜才会被它**们欺骗。理智的人，所有有任何政治经验的人，甚至不屑于阅读这种声明。"

威尔逊总统在去国会要求宪法宣战之前的宣言，体现了巴**枯宁的每一种情**绪。

他
"为外交而撒谎"，利用在**惠灵**顿宫编造的粗糙的宣传，用德军在1914年进军比利时时犯下的暴行故事来煽动美国公

众。我们将发现，这基本上是一个巨大的谎言，由于塔维斯托克的宣传伎俩而被当作真理。

我记得在大英博物馆里翻阅了一大堆旧报纸，我在那里花了五年时间做了大量研究。这些报纸涵盖了1912年至1920年的情况。我记得当时我在想："急于建立新世界秩序的**极权社会主义**政府的行为竟然是由美国这个所谓的自由**堡垒**领导的，这难道不令人惊讶吗？"

然后我非常清楚，300人委员会在美国的各个层面都有它的人，在银行、工业、商业、国防、国务院甚至白宫，更不用说称为美国参议院的精英俱乐部，我认为它只是一个推动新世界秩序的论坛。

然后我意识到，威尔逊总统针对德国和德皇的宣传爆炸（实际上是罗斯柴尔德家族代理人洛德-诺斯克里夫和罗斯米尔以及惠灵顿宫宣传工厂的产物）与珍珠港的 "捏造情况"、北部湾的 "事件"和没有多大区别。回顾过去，我认为关于1914年德国士兵**砍掉比利**时儿童胳膊和腿的残暴行为的宣传谎言与用来欺骗和灌输美国人民让布什政府入侵伊拉克的方法没有什么区别。1914年，德皇是一个 "野蛮人"，一个 "无情的杀人犯"，一个 "怪物"，一个 "柏林屠夫"，而2002年，侯赛因总统是所有这些以及更多的人，包括 "巴格**达屠夫**"！他说："我不知道。可怜的上当受骗的、被骗的、同谋的、信任的美国人!**你什么**时候才能学会呢？

1917年，伍德罗-威尔逊在众议院和参议院强行通过了世界新秩序议程，而布什总统在2002年未经辩论就在众议院和参议院强行通过了伊拉克的世界新秩序议程，这是任意行使权力，公然违反美国宪法，美国人民为此付出了巨大代价。但美国人民正遭受着塔维斯托克人际关系研究所引起的创伤性休克，正在梦游，没有真正的领导。

他们不知道价格是多少，也不屑于去了解。300人委员会继续管理着美国，就像在威尔逊和罗斯福总统时期一样，当美国人民被 "面包和马戏"分散注意力时，只不过今天是棒球、橄榄球、无尽的好莱坞作品和社会保障。什么都没有改变。

被骚扰、被追杀、被推搡的美国，在激进的战争党共和党人的推动下，走上了通往世界新秩序的快车道，这些人已经被塔维斯托克人际关系研究所的科学家接管。

就在最近，一位订户问我 **"哪里可以找到塔维斯托克研究所"**。我的回答是："环顾美国参议院、众议院、白宫、国务院、国防部、华尔街、福克斯电视（Faux T.V.）， **你会看到他**们在这些地方的变革者。"

威尔逊总统是第一位通过一个文职委员会来 "管理"战争的美国总统，该委员会由前面提到的惠灵顿宫的伯纳斯和利普曼夫妇指导和引导。

惠灵顿宫的巨大成功及其对美国历史进程的巨大影响始于此前，即1913年。威尔逊花了近一年的时间拆除了保护性贸易关税，这些关税阻止了美国国内市场被 "自由贸易"所淹没，这基本上意味着允许由印度低薪劳工制造的廉价英国商品涌入美国市场。1913年10月12日，威尔逊签署了这项法案，标志着长期以来作为费边社会主义者目标的独特的美国中产阶级的结束。该法案被描述为 "调整关税"的措施，但将其描述为 "破坏**关税**"的法案会更准**确**。

惠灵顿宫的隐秘力量就是这样，绝大多数美国人民都接受了这个谎言，不知道也没有意识到这是美国贸易的丧钟，它导致了北美自由贸易协定、关贸总协定和北美自由贸易协定，以及世界贸易组织（WTO）的成立。更令人**惊**讶的是，人们接受了1913年9月5日通过的《联邦所得税法》，以取代贸易关税作为联邦政府收入的来源。所得税是一个马克思主义的学说，它没有出现在美国宪法中，联邦储备

银行也没有。威尔逊称他对宪法的两次罢工是
"为人民和商业自由而战",并说他为
"参与完成一项伟大的事业而感到自豪......"。联邦储备法》
被威尔逊解释为
"国家银行和货币体系的重建",在惠灵顿宫的大量宣传下
被匆匆通过,正好赶上了释放出第一次世界大战恐怖的敌
对行动。

大多数历史学家认为,如果没有《联邦储备银行法》的通
过,格雷勋爵不可能发动这场可怕的大火。

联邦储备法的欺骗性语言是在Bernays和Lippman的指导下
进行的,他们创建了一个
"全国公民联盟",由臭名昭著的Samuel
Untermeyer担任主席,以促进联邦储备银行,它获得了对
人民的金钱和货币的控制,并在未经受害者同意的情况下
将其转移到一个私人垄断机构。

围绕实施外国金融奴役措施的最有趣的历史因素之一是,
在该措施被送交威尔逊签署之前,有一份副本交给了阴险
的爱德华-曼德尔-豪斯上校,作为威灵顿府和银行家J-P-
摩根代表的英国寡头的代表,他本人是伦敦和巴黎的罗斯
柴尔德家族的代理人。

至于美国人民,这个灾难性的措施是以他们的名义制定的
,他们不知道他们是如何被欺骗和完全被愚弄。奴隶制的
工具被绑在他们的脖子上,而受害者甚至没有意识到这一
点。

当威尔逊被指导如何说服国会对德国宣战时,惠灵顿宫的
方法论达到了顶峰,尽管他是在庄严承诺让美国不参与当
时在欧洲肆虐的战争的情况下当选的,这是公众舆论形成
的新艺术的伟大胜利。就是这样--
民调问题有细微差别,所以答案反映了公众的意见,而不
是他们对问题或政治学过程的理解。

笔者对1910年至1920年的国会记录进行了广泛的研究和阅

读，充分说明如果威尔逊没有在1913年12月23日签署不公正的 "货币改革"法案，H.G.威尔斯预言的控制美国的秘密平行政府就不可能将美国的大量资源投入到欧洲的战争中。

代表300人委员会的 "奥林匹亚"的摩根家族，及其在伦敦市的全能金融网络，在 "美国联邦储备银行"的创建中发挥了主导作用，这些银行既不是 "联邦 "也不是 "银行"，而是绑在美国人民脖子上的私人创收垄断机构，他们的钱现在可以自由地以难以想象的规模被盗，使他们成为未来 "一个世界政府"中新世界秩序的奴隶。20世纪30年代的大萧条是美国人民不得不支付的第二大**灾**难性账单，第一次是第一次世界大战。(见附录)

那些把这本书作为对一个世界政府内的新世界秩序的首次介绍的人将会持怀疑态度；但考虑到像伟大的哈罗德-麦金德爵士这样的重要人物毫不掩饰他对新世界秩序到来的信念。

不仅如此，他还暗示这可能是一个独裁政权。哈罗德爵士的履历令人印象深刻，他曾任伦敦大学地理学教授，1903年至1908年任伦敦经济学院院长，1910年至1922年任议会议员。他也是阿诺德-汤因比（Arnold Toynbee）的亲密伙伴，他是惠灵顿宫的主要人物之一。他正**确地**预测了一系列令人震惊的地缘政治事件的核心，其中许多已经成真。

这些 "预言"之一是**两个德国的成立，即德意志社会民主共和国和德意**志联邦共和国。批评者认为，他是从汤因比那里得到这个信息的；这只是汤因比知道的300人委员会的长期规划。

在惠**灵**顿府之后，汤因比转到了皇家国际事务研究所，然后又转到了伦敦大学，在那里他担任国际历史主席。他在

《*美国与世界革命*》一书中指出

> "如果我们想避免集体自杀，我们需要迅速创建我们的世界国家，这可能意味着一开始就以非民主的形式拥有它。我们将不得不现在就开始建立一个世界国家，以我们目前能做到的最佳模式。"

汤因比接着说，这种　　　"全球独裁　　　"将不得不取代"目前地缘政治地图上到处可见的地方民族国家"。

新的世界国家将在大规模精神控制和宣传的基础上建立，使其被接受。我在《*300人委员会*》一书中解释说，[1]，伯纳斯在1923年和1928年的《*宣传*》和《*公众意见的结晶*》一书中 "谴责 "了民意调查。

随后是工程同意。

> 自我保护、野心、骄傲、饥饿、对家庭和孩子的爱、爱国主义、模仿、渴望成为领导者、对游戏的热爱--
> 这些和其他动机是每个领导者在努力赢得公众对他或她的观点时必须考虑的心理原材料......为了保持他们的信心，大多数人需要**确定他**们所相信的一切是真的。

我们讨论了这些揭示性的作品，应该补充的是，在撰写这些作品时，塔维斯托克的高层显然感到安全，可以为其对美国和英国的成功控制幸**灾**乐祸，这已经变成了H.G.威尔斯首次提出的公**开阴**谋。

随着由英国君主制以及后来由洛克菲勒、罗斯柴尔德和美国资助的惠灵顿宫的出现，西方文明进入了一个计划的第一阶段，该计划规定由一个秘密政府来管理世界，即300人委员会。

塔维斯托克人际关系研究所就是由此产生的。由于这本书不是**关于**300人委员会的，我们建议读者获得第一和第二本

---

[1]由Omnia Veritas有限公司出版。

书《*300人委员会*》的副本。[2]

精心设计的   "300
"计划被完全遵循，今天，当我们来到2005年年底时，对于消息**灵通的人来**说，很容易追溯西方文明的进程，并标明其进展到我们今天的位置。至少，这本书是这样的一种尝试。

---

[2]*阴谋家的等级制度 - 300人委员会的历史*, Omnia Veritas Ltd, www.omnia-veritas.com。

第一章

创办世界上第一个洗脑机构

塔维斯托克人际关系研究所从其在惠灵顿府的简陋但极其重要的**开始，已**经迅速发展成为世界上第一个绝密的 "洗脑"研究所。值得解释的是，这一快速进展是如何实现的。

在诺斯克里夫勋爵和罗斯梅尔勋爵的领导下，大规模操纵舆论的现代科学在伦敦的惠灵顿宫诞生。

英国王室、罗斯柴尔德勋爵和洛克菲勒家族负责资助该企业。我们有幸研究的文件显示，在惠灵顿宫工作的人的目标是改变英国人民的意见，他们坚决反对与德国的战争，这是一项艰巨的任务，通过民意调查 "形成意见"来完成。该团队包括阿诺德-汤因比（Arnold Toynbee），后来成为皇家国际事务研究所（RIIA）的研究主任，诺克里夫勋爵和美国人沃尔特-李普曼和爱德华-伯纳斯。

伯纳斯于1891年11月22日在维也纳出生。作为精神分析之父西格蒙德-弗洛伊德的**侄子，他被**许多人认为是 "公共**关系之父"，尽管这个头衔属于威利-门兴。伯纳斯率先利用心理学和其他社会科学来塑造和形成公**众意**见，使公众相信这些捏造的意见是他们自己的。

"如果我们了解群体心理的机制和动机，现在就有可能在群**众不知情的情况下按照我**们的意愿控制和管理群众。他把这种技术称为 "同意的工程"。他实现这一目标的最著名的技术之一是间接利用他所谓的第三方权威来塑造理想的意见："如果**你能影响**领导人，无论他们是否有意识地合作，你都会自动影**响他**们影响的群体。他把这种技术称为"意见制造"。

也许我们现在可以开始理解威尔逊、罗斯福、克林顿、老布什和小布什是如何能够如此轻易地将美国拖入其人民本不应该卷入的灾难性战争中的。

英国和美国的参与者专注于未经试验的技术，以动员对即将到来的战争的支持。

如前所述，英国人民不希望战争，并这样说，但汤因比、李普曼和伯纳斯打算通过运用旨在通过民意调查操纵公众舆论的技术来改变这种情况。在这里，我们回顾了为使英国和美国加入第一次世界大战而设计和执行的方法，以及在**两次世界大**战之间和之后付诸实施的技术。正如我们将看到的，宣传将发挥重要作用。

塔维斯托克的主要目标之一是实现妇女的堕落。塔维斯托克认识到，耶稣基督在文明秩序中给了妇女一个新的、受人**尊敬**的地位，这在他到来之前是不存在的。

在基督传道之后，妇女在社会中获得了尊重和崇高的地位，这在基督教之前的文明中是没有的。当然，可以说在希**腊和**罗马帝国存在这样高的地位，这在一定程度上是正确的，但与妇女在后基督教社会中的地位相比，仍然相差太远。

塔维斯托克试图改变这种状况，这一过程在第一次世界大战后立即开始。莫斯科的罗斯（维京人）王子从君士坦丁堡带来的东正教，崇尚和尊重女性，他们与后来被他们打败并赶出俄罗斯的哈扎尔人的经历，使他们决心在俄罗斯保护女性。

罗曼诺夫王朝的创始人迈克尔-
罗曼诺夫是一个贵族家庭的后裔，他在基督教国家的基础上捍卫了俄罗斯。从1613年**开始**，罗曼诺夫家族试图使俄罗斯变得高贵，并使其充满伟大的基督教精神，这也意味着对俄罗斯妇女的保护和荣誉。

在迪米特里-
顿斯科伊亲王的领导下，莫斯科贵族赢得了罗斯柴尔德家族对俄罗斯的无情仇恨，因为顿斯科伊击败并驱逐了居住在伏尔加河下游地区的哈扎里亚人群。这个野蛮的战士民族，起源于神秘的印度-土耳其，在伟大的哈扎尔占卜师-魔术师-巫师大卫-
罗伊批准了犹太教之后，根据布兰特国王的命令采用了这**种宗教。**

正是埃尔-罗伊的个人旗帜，现在被称为
"大卫之星"，当哈扎里亚民族被逐出俄罗斯后定居在波兰时，成为该民族的官方旗帜。

这面旗帜后来被犹太复国主义者采纳为他们的标准，至今仍被误称为大卫之星。基督徒犯了一个错误，把它与《旧约》中的大卫王混为一谈，而事实上这两者之间没有任何联系。

1612年，罗曼诺夫王朝派出一支俄罗斯军队攻打波兰，占领了曾经属于俄罗斯的波兰大部分地区，这加剧了对俄罗斯的仇恨。

对俄罗斯的敌意的主要设计者是罗斯柴尔德王朝，塔维斯托克正是利用了这种强烈的仇恨，并将其引向了摧毁西方文明的计划。

塔维斯托克的第一个机会出现在1905年，当时日本海军进攻并完全**惊**动了俄罗斯舰队。这次军事演习是由与罗斯柴尔德有联系的华尔街银行家雅各布-希夫资助的。

俄国舰队在亚瑟港的一次突然袭击中被击败，标志着笼罩基督教欧洲的**阴霾的开始。洛克菲勒的**标准石油集团在塔维斯托克的领导下，在   "300人"的**帮助下**，组织了日俄战争。用于资助该行动的资金来自

雅各布-
希夫，但实际上是由洛克菲勒普通教育委员会提供的，其
既定目的是资助黑人教育。委员会的所有宣传和推广都是
由塔维斯托克（Tavistock）的社会科学家撰写和设计的，
当时叫惠灵顿宫。

1941年，洛克菲勒的**另一个幌子**组织--
太平洋**关系研究所**（IPR），向东京的日本同行支付了大笔
款项。这笔钱随后被俄罗斯间谍头子理查德-
索尔格输送给皇室成员，以诱使日本在珍珠港袭击美国。
同样，塔维斯托克是所有IPR出版物的来源。

虽然还不明显，但正如斯宾格勒在其1936年出版的巨著中
提到的那样，它标志着旧秩序的结束的开始。与大多数建
制派的历史说法相反，'俄国'革命根本不是俄国革命，而是
主要由300人委员会及其武装部门塔维斯托克研究所支持的
外国意识形态，它被暴力强加给惊讶、毫无准备和惊愕的
罗曼诺夫家族。

这是政治战、低级别的战争和心理战，塔维斯托克在这方
面已经非常熟练。

正如温斯顿-
丘吉尔所观察到的："他们用密封的卡车载着列宁，像瘟疫
杆菌一样，从瑞士运到俄国"，然后，一旦建立，"列**宁和
托**洛茨基就抓住了俄国的头发"。

关于   "带铅的马车"、"密封的马车"、"密封的火车
"已经写了很多（但几乎都是顺便写的，好像只是故事的后
记），这些马车载着列宁和他的布尔什维克革命者安全地
穿过被战争蹂躏的欧洲，把他们放在俄国，在那里开始他
们的进口布尔什维克革命，被错误地称为 "俄国革命"。

作者有幸在惠**灵**顿宫研究的文件以及阿诺德-
汤因比的文件和布鲁斯-
洛克哈特的私人文件中所**揭示的内容**，导致了这样的结论
：如果没有汤因比、英国军情六处的布鲁斯-

洛克哈特以及至少五个欧洲国家的共谋，表面上对圣彼得堡法院的忠诚和友好，无情的布尔什维克革命就不会发生。

由于这一叙述必须限于塔维斯托克在这一事件中的参与，所以它不会像我们希望的那样完整。根据米尔纳的私人文件，他的助手们通过塔维斯托克联系了一位社会主义同伴弗里茨-
普拉滕（米尔纳是一位主要的费边社会主义者，尽管他看不起悉尼和比阿特丽斯-
韦伯）。正是普拉滕策划了这次旅行的后勤工作，并监督它直到革命者抵**达彼得堡**。

这一点已被吉约姆大街的档案所证实和确认，我们能够查阅其中的大部分档案，因为这些档案对有资格查阅的某些人**开放**。**它**们与布鲁斯-
洛克哈特在其私人文件中的描述以及阿尔弗雷德-
米尔纳勋爵对背叛俄国的狡猾事件的说法相当吻合。看来米尔纳在布尔什维克侨民中有很多联系，包括列宁。当列**宁**为革命需要资金时，他向米尔纳勋爵求助。拿着普拉滕的介绍信，列宁会见了米尔纳勋爵，概述了他推翻罗曼诺夫家族和基督教俄罗斯的计划。

米尔纳同意了，条件是他可以派他的军情六处特工布鲁斯-
洛克哈特监督时事并报告列宁的情况。

罗斯柴尔德勋爵和洛克菲勒家族要求被允许派悉尼-
赖利前往俄国，监督俄国的自然资源和中央银行持有的黄金卢布转移到伦敦。列宁，以及后来的托洛茨基都同意。

为了完成交易，米尔纳勋爵代表罗斯柴尔德家族给了列宁6000万英镑的黄金主权，而洛克菲勒家族则贡献了大约4000万美元。

在   "铅车
"事件中共谋的国家是英国、德国、芬兰、瑞士和瑞典。虽然美国没有直接参与，但它肯定知道正在发生的事情。毕

竟，根据威尔逊总统的命令，向莱昂-
托洛茨基（他的真名是列夫-
布朗斯坦）颁发了一本全新的美国护照，以便他能够和平
旅行，尽管托洛茨基不是美国公民。

列宁和他的同胞们有一节装备精良的私人车厢，由德国政
府高级官员提供，并根据与沿线车站的协议始终锁定。普
拉滕负责，他制定了旅程的规则，其中一些记录在纪尧姆
大街的档案中。

> ➤ 在整个行程中，该车必须保持关闭。

> ➤ 没有普拉滕的允许，任何人都不能进入车内。

> ➤ 火车将有一个额外的领土地位。在边境上不要求
出示护照。

> ➤ 门票将按正常价格购买。

> ➤ 途中国家的军队或警察不应提出 "安全问题"。

根据纪尧姆大街档案，这次旅行得到了鲁登道夫将军和德
皇威廉的授权和批准。鲁登道夫甚至说，如果瑞典拒绝让
布尔什维克通过，他将保证他们通过德国的防线进入俄国！
事实证明，瑞典政府没有提出反对意见，芬兰政府也没有
。

在抵**达德国与瑞士**边境时加入火车的著名革命家之一是拉
狄克，他在血腥的布尔什维克革命中发挥了领导作用。也
有一些比较轻松的时刻。Guillaumestrasse档案》描述了马
车在法兰克福错过了火车头，导致来回折腾了约8小时。

这支队伍在德国波罗的海小镇萨斯尼茨离开了舒适的马车
，德国政府为他们提供了
"体面的住宿"。瑞典政府好心为他们提供了前往马尔默的
轮渡，他们从那里驶向斯德哥尔摩，在那里有　　　　　"好的
"住宿条件等待布尔什维克党人停留一晚，然后前往芬兰边
境。

就在这里，无畏的普拉滕兴高采烈地离开了队伍，最后的

俄国之行是乘火车前往彼得格勒。因此，一个始于瑞士苏黎世的史诗般的旅程在彼得堡结束。列宁到了那里，俄国就要崩溃了。与此同时，伯纳斯和李普曼以及他们在惠灵顿大厦（塔维斯托克）的同事们还在源源不断地进行洗脑宣传，可以断定，他们愚弄了世界上大部分人。

第二章

欧洲跌落悬崖

在第一次世界大战和布尔什维克革命结束后，欧洲被迫按照塔维斯托克的计划进行变革。由于英国引发的第一次世界大战，欧洲从悬崖上跌落到世界的尽头，或者说它像僵尸一样拖着自己，直到其过去的最后代表消失在深渊的黑暗中，这种被迫的变化变得非常明显。

这不是一本关于第一次世界大战本身的书。关于人类有史以来最大的悲剧的原因和影响，已经写了几十万份分析报告，但它还没有得到充分的处理，可能永远也不会得到处理。有一件事是许多作家--包括我自己--都同意的。

战争是由英国发动的，纯粹是出于对德国迅速崛起为经济大国与英国竞争的仇恨，而爱德华-
格雷勋爵是战争的主要设计师。

由于它不受欢迎，没有得到大多数英国人民的认可，因此需要采取
"特别措施"，即成立一个新的部委来应对挑战。从本质上讲，这就是惠灵顿之家的创建原因。

从这样卑微的开始，它在2005年成为巨大的塔维斯托克人类关系研究所，这是世界上首屈一指的洗脑机构，具有最邪恶的神秘主义影响。如果美国要作为一个在所有50个州都有共和制政府保障的宪政共和国而生存下去，就必须面对和打败它，在编写本书时曾咨询过一些美国参议院成员，但他们要求不透露姓名。

第一次世界大战的后果和建立国际联盟的不成功尝试，只是扩大了西方旧文明和新文明之间的差距。战后德国的经济灾难像殡仪馆的烟雾一样笼罩着西方文化，使1920年代**开始的阴郁、悲伤和恐惧**的气氛更加浓厚。

历史学家们一致认为，所有参战国都遭受了不同程度的经济破坏，尽管俄国在一定程度上幸免于难，只是被布尔什维克摧毁了，而德国和奥地利受到的冲击最大。20世纪20年代，**一种奇怪的**强迫性快乐降临到欧洲（其中包括英国），也降临到美国。这被归因于   "叛逆的年轻人"和人们普遍   "厌倦了战争和政治"的事实。事实上，人们对塔维斯托克大师的长期渗透和国内调节作出了反应。

从一战结束到1935年，他们和那些从子弹和炮弹满天飞的战壕地狱中幸存下来的部队一样感到震惊，只不过现在是经济上的子弹和炮弹以及社会风气的巨大变化麻木了他们的感官。

但   "治疗"的最终结果是一样的。人们把谨慎抛到九霄云外，从1918**年开始的道德腐化仍在**继续并不断加剧。在这种强迫性的欢乐状态下，没有人看到世界经济崩溃和随后的全球经济萧条的到来。

大多数历史学家都认为这是人为的，而且我们被引导相信，塔维斯托克在这一时期各派别的狂热宣传活动中发挥了作用。为了支持我们的主张，即崩溃和萧条是人为的事件。见活动附录。

斯宾格勒预测了将要发生的事情，事实证明，他的预测出**奇地准确。**以   "假小子   "态度和阴暗男人为特征的"颓废社会   "和   "自由女性"要求并实现了对女性谦逊的减少，这导致了更高的下摆、波浪形的头发和过度的化妆，女性在公共场合吸烟和喝酒。随着钱越来越难得到，去救济院和失业所的队伍越来越

长，裙子越来越短，而辛克莱尔-**刘易斯、弗**-斯科特-
菲茨杰拉德、詹姆斯-乔伊斯和D-H-
劳伦斯的著作引起了人们的惊讶，最新的百老汇演出和夜
总会表演比以往更多地揭示了女性的隐藏魅力，将她们暴
露在公**众面前**。

1919年，时装设计师在《*纽约客*》杂志上指出，"今年的下
摆离地六英寸，非常大胆"。

第三章

时代 "如何改变

但这仅仅是个开始。1935年，随着希特勒的上台，在凡尔赛宫强加给德国的不可能条件的保障下，裙子也上升到了膝盖处的令人目眩的高度，但在德国除外，希特勒要求德国妇女保持谦虚，并得到了这种谦虚以及健康的尊重，这并不**适合塔维**斯托克方案。

那些停下来思考的人说他们讨厌   "时代在改变"的方式，但他们不知道也不可能知道的是，时代是按照精心设计的塔维斯托克公式来改变的。在欧洲和美国的其他地方，起义正在进行，"解放"的热潮正在蔓延。

在美国，是无声电影的偶像引领了这一潮流，但这与欧洲不同，在那里所有的   "快乐"都被放纵，包括长期隐藏在阴影中的同性恋，在良好的社会中从未被提及。

同性恋与女同性恋一起出现，引起了人们的厌恶，似乎是为了故意冒犯那些仍然依附于旧秩序的人。

对这种反常现象的研究表明，同性恋和女同性恋的传播不是因为内心或潜在的欲望，而是为了   "冲击"旧的机**构及其僵化的良好道德准**则。音乐也受到影响，被转化为爵士乐和其他 "颓废"形式。

塔维斯托克现在正处于他的计划发展的最关键阶段，该计**划要求将**妇女的道德和行为降低到历史上无与伦比的水平。各国都处于麻木状态，被强加给他们的激进变化   "震惊

"了，这种变化似乎是不可阻挡的，其中完全没有女性的谦逊，反映在学习的行为态度上，使20世纪20年代和30年代看起来像一个主日学校的教师大会。没有什么能阻止当时席卷世界的
"性革命"，以及伴随着它的有计划的女性气质的退化。

人们听到了一些声音，特别是G.K.　　　　Chesterton和Oswald Spengler的声音，但这还不足以对抗塔维斯托克研究所的攻击，该研究所实际上已经
"向西方文明宣战"。到处都可以看到
"远距离渗透和内部定向调节
"的效果。我们今天所处的道德、精神、种族、经济、文化和智力的破产，不是一种社会现象，也不是某种抽象的或社会学意义上的简单　　　　　　　　　　　　　"发生
"的结果。相反，它是塔维斯托克精心策划的方案的结果。

我们所看到的并不是偶然的，也不是历史的反常。相反，它是刻意诱导的社会和道德危机的最终产物，表现在各地和诸如米克-贾格尔、奥普拉-温弗里、布兰妮-斯皮尔斯、"真人秀
"电视节目、似乎是所有原始本能的混合体的　　　　　"音乐
"等人物身上。福克斯新闻（Faux News），主流电影院里近乎色情的电影，谦虚和得体被抛出窗外的广告，在公共场所，特别是在美国餐馆里的喧闹和粗鲁行为。凯蒂-库里奇和一大批在社会上担任重要职务的人。

所有这些人都被训练成用刺耳、单调、尖锐的声音说话，没有任何腔调，就像用紧咬的下巴说话一样，刺耳、尖锐，让人听了不舒服。新闻播音员和　　　　　　　　"主持人
"一直都是男性，而地面上突然只有十几个人。

我们在电影业的　　　　　　　　　　　　　　　　　　"明星
"身上看到了这一点，他们制作的电影的文化标准越来越低。我们还在美化异族通婚、按需离婚、堕胎和公然的同性恋行为中，在西方文明的宗教信仰和家庭生活的丧失中看

到了它。像艾伦-德杰尼勒斯（Ellen
DeGeneres）这样完全没有才能或文化价值的
"明星"，被当作易受影**响的年**轻女孩的榜样，她们越来越
多地展示自己高**达**75%的身体。我们从吸毒和各种社会弊
病的大量增加中看到了这一点，例如加拿大在　"公民权利
"的幌子下通过了一项"法律"，使同性恋"婚姻"合法化。

我们从政治制度的普遍腐败和宪法的混乱中看到了这一点
，**众**议院和参议院**允许**各级政府公然违反国家的最高法律
，而在政府的行政部门更是如此，自罗斯福以来的每一位
总统都把在任总统不应该拥有的权力僭越给自己。我们从
总统宣布战争的非法决策中看到了这一点，而美国宪法明
确否认了行政部门的这种特权。

我们从新的违宪层面上看到了这一点，它增加了一个丑陋
的未经宪法授权的　　　　　　　　　　　　　"法律
"清单，其中最近的、令人震惊的是美国最高法院公然越权
，打破了各州的权利，选举小乔治-
布什为总统。这是对宪法最野蛮的打击之一，也是这个国
家历史上最公然违反美国宪法10
修正案的行为。然而，美国人民是如此的惊愕和震惊，没
有人提出抗议，没有人举行大规模示威，没有人呼吁让最
高法院屈服。在这一次事件中，塔维斯托克的
"远距离渗透和内部定向调节
"的力量被证明是一个巨大的胜利。

不，我们在2005年发现的共和国的解体状态不是进化的结
果；相反，它是一个精心策**划的巨大的社会工程洗**脑项目
的最终产品。事实反映在曾经是地球上最伟大的国家的死
亡阵痛中。

由塔维斯托克社会学家撰写的关于生理条件的文献很有效
。**你的反**应是程序化的。除非你做出极大的努力，否则你
不可能有任何其他的想法。

除非**你能首先确定**敌人及其解散美国和欧洲，特别是整个

西方世界的计划，否则你也无法采取步骤使自己摆脱这种状况。这个敌人被称为塔维斯托克人际关系研究所，它从**最早期就开始与西方文明交**战，当时它在惠灵顿宫找到了形式和内容，并演变成现在在苏塞克斯大学和伦敦的塔维斯托克诊所的设施。在我于**1969年揭开**这个机构的面纱之前，它在美国还不为人所知。它无疑是世界上第一个洗脑的社会工程机**构**。

我们将看看它在第一次世界大战前的英国所取得的成就，然后在第二次世界大战之前和之后的时期，直到今天。在第二次世界大战期间，塔维斯托克研究所设在英国陆军的生理作战部门。我们已经介绍了它在惠灵顿宫的形成时期的历史，现在我们转向它在二战前后的活动。

第四章

社会工程和社会科学家

库尔特-卢因博士是主要的理论家，专门从事拓扑心理学的教学和应用，这种方法过去和现在都是最先进的行为矫正方法。卢因得到了约翰-罗林斯-里斯少将、埃里克-特里斯特、W-R-比昂、H-V-迪克斯以及洗脑和社会工程的几位"伟人"，如玛格丽特-米德和**她的丈夫格雷戈里**-贝特森的协助。在乔治-布什被最高法院送入白宫之前，伯纳斯是主要的顾问。我们不想搞得太技术化，所以我们不会去研究他们如何应用社会科学的细节。大多数人都会接受 "洗脑"这一通用术语，作为对这个 "智**囊**团之母"活动的全面解释。

当**你得知**卢因和他的团队创建了斯坦福研究中心、沃顿经济学院、麻省理工学院和国家心理健康研究所，以及其他许多被普遍认为是 "美国"的机**构**时，你不会感到惊讶。多年来，联邦政府向塔维斯托克及其广泛的相互联系的机构网络捐助了数百万美元，而美国公司和华尔街则提供了相应的资金。

我们敢说，如果没有塔维斯托克研究所开发的大规模洗脑技术的发展和惊人的进步，就不会有第二次世界大战，也不会有后来的任何战争，当然也不会有两次海湾战争，其中第二次战争在2005年11月仍在激烈进行。

到2000年，美国的生活几乎没有任何方面是塔维斯托克的触角没有触及的，包括从地方到联邦的每一级政府、工业、商业、教育和国家的政治机构。国家的每一个精神和心理方面都被分析、记录、剖析并储存在计算机数据库中。

出现的是塔维斯托克所说的"三系统反应"，这就是人口群体对"发明的情况"造成的压力的反应方式，这些情况成为危机管理演习。我们在美国和英国的情况是，政府创造了一个被其公民视为危机的局面，然后政府管理这个 "危机"。

1941年12月日本对珍珠港的袭击就是一个 "人为状况"的例子。对珍珠港的袭击是 "制造"的，正如前面解释的那样，将洛克菲勒的钱转给间谍大师理查德-
索尔格，然后再转给皇室的一名成员，以诱使日本打响第一枪，这样罗斯福政府就有借口将美国带入第二次世界大战。

英国和美国对日本的经济扼杀，它们单方面阻止基本原材料流向日本这个岛国工厂，达到了决定结束它的程度。

塔维斯托克在塑造大规模的反日宣传浪潮中发挥了巨大的作用，通过抗日战争将美国带入欧洲战争。

对日本施加了难以忍受的经济压力，同时，罗斯福政府拒绝"谈判"，直到东京政府认为除了袭击珍珠港之外没有其他出路。罗斯福很方便地把太平洋舰队置于危险之中，把它从其母港**圣地**亚哥移到珍珠港，没有任何好的或战略上的理由，从而把它直接置于日本海军的射程之内。

另一个例子是更近的：海湾战争，它是在人们对伊拉克所谓的核武器和化学武器储备，即所谓的"大规模杀伤性武器"（WMD）的呼声中**开始的。布什政府**和布莱尔政府知道，这个问题是一个没有基础或理由的"捏造的情况"；他们知道这些武器并不存在。有无可争辩的证据表明，侯赛因的武器计划在1991年海湾战争后，通过维持残酷的制裁，已经被取消。

简而言之，这两位西方 "领导人"陷入了谎言之网，但300人委员会的力量和塔维斯托克的洗脑能力就是这样，尽管人们承认由于他们的谎言，至少有100万伊拉克人和2000多名美国军人死亡，25999人受伤（GRU俄罗斯军事情报数字），其中53%的人致残，以货币计算，截至2005年10月，代价超过5500亿美元，但他们仍然在任。

伊拉克的死亡人数是**两次海湾**战争的总和，其中大部分是平民，他们因英国和美国政府在联合国的掩护下实施的罪恶制裁而死于缺乏食物、清洁水和药品。

通过对伊拉克实施制裁，联合国违反了自己的宪章，成为一个没有公信力的瘫痪机构。

历史上没有任何一个平行的例子，一个担任最高职务的人被证明是一个骗子和欺骗者，但他却能继续执政，仿佛没有任何东西玷污了他的职务，这种状况表明了塔维斯托克研究所对美国人民的 "长期渗透和调节"治疗的力量，这将导致他们温顺地接受这样一个沉闷和可怕的情况，而不曾怒而上街。

亨利-福特不是说过 "人民应该拥有他们的政府"吗？如果人民不采取任何行动来推翻这个政府，这是美国宪法赋予美国人民的权利，那么他们就应该让骗子和欺骗者来管理他们的国家和生活。

另一方面，美国人民可能正在经历曾经是塔维斯托克的首席精神病学家弗雷德-埃默里博士所描述的 "社会环境动荡"的三个阶段之一。据埃默里说。

> "大型人口群体在遭受社会剧烈变化、压力和动荡的条件下会出现以下症状，这些症状可以分为明确的类别。肤浅是指当受威胁的人口群体通过采用肤浅的口号做出反应，并试图将其伪装成理想时产生的状况"。

很少有　　　"自我投资　　　"发生，这使得第一阶段成为 "不充分的反应"，因为正如埃默里所说，"危机的原因没有 被隔离和确定"，危机和紧张没有消退，而是持续到控制者 希望它们持续的时间。危机反应的第二阶段（因为危机还 在继续）是 "分裂"，在这种状态下，恐慌开始出现，"社会凝聚力 "崩溃，其结果是非常小的群体形成并试图保护自己免受危 机影响，而不考虑其他小的分裂群体的费用或成本。埃默 里称这一阶段为 "被动的不适应"，同时没有找出危机的原因。

第三阶段是受害者转身离开诱发危机的源头和由此产生的 紧张。他们走上了 "内部迁移、反省和自我迷恋的幻想之旅"。这就是塔维斯 托克所说的 "解离和自我实现"。埃默里继续解释说，"被动的适应不良 反应现在与'主动的适应不良反应'相配合"。

埃默里说，在过去50年里，应用社会心理学实验和由此产 生的　　　　　　　　　　　　　　　　　　　　"危机管理 "已经占据了美国生活的方方面面，其结果储存在斯坦福大 学等主要　　　　　　　　　　　　　　　　　"智囊团 "的电脑中。这些方案不时地被发布、使用和修订，据塔维 斯托克称，"这些方案目前正在运作"。

这意味着塔维斯托克已经对大多数美国人民进行了剖析和 洗脑。如果美国公众中的任何一部分能够找出过去七十年 来吞噬这个国家的危机的原因，塔维斯托克建立的社会工 程结构将崩溃。但这还没有发生。塔维斯托克继续将美国 公众淹没在其制造的舆论海洋中。

塔维斯托克的社会科学家开发的社会工程在本世纪的两次 世界大战中都被用作武器，特别是第一次世界大战。开发 这种工程的民调人员非常坦率：他们在美国民众身上使用 的设备和方法与在敌方民众身上使用和试验的相同。开发 这种方法的民调人员非常坦率：他们对美国民众使用的设备和方法与对敌方民众使用和测试的相同。

今天，通过民意调查操纵公众舆论已经成为塔维斯托克公司及其位于美国和英国各地的许多 "智囊团"雇用的社会工程师和社会科学控制者手中的一项核心技术。

第五章

我们是否有H.G.威尔斯所说的 "一个看不见的政府"？

正如我所指出的，通过先进的大众舆论操纵技术形成公众舆论的现代科学始于西方最先进的宣传工厂之一，位于英国的惠灵顿大厦。这个致力于社会工程和在第一次世界大战爆发时创造舆论的设施是在罗斯梅尔和诺斯克里夫勋爵以及未来的皇家国际事务研究所（RIIA）研究主任阿诺德-汤因比的主持下进行的。惠灵顿之家有一个美国分部，其最著名的成员是沃尔特-李普曼和爱德华-伯纳斯。我们后来发现，伯纳斯是西格蒙德-弗洛伊德的**侄子**，这一事实被小心翼翼地隐藏起来。

他们共同专注于在反对与德国开战的群众中 "动员"对第一次世界大战的支持的技巧。公众的看法是，德国是英国人民的朋友，而不是敌人，英国人民认为没有必要与德国作战。毕竟，维多利亚女王是德皇威廉二世的表妹，这难道不是事实吗？汤因比、李普曼和伯纳斯试图说服他们有必要发动战争，他们利用新科学的技术，通过通信媒体进行大规模操纵的新艺术，达到宣传目的，并带有撒谎的意愿，这种意愿刚刚开始，在英布战争（1899-1902）期间获得了相当多的经验。

需要改变对事件看法的不仅是英国公众，还有不情愿的美国公**众**。

为此，伯纳斯和李普曼在伍德罗-

威尔逊成立克里尔委员会的过程中发挥了重要作用，该委员会创造了第一套传播成功宣传的方法论技术，以及为获得 "正确 "意见而进行的民意调查科学。

从一开始，这些技术的设计就使民调（舆论形成）基于一个明显但引人注目的特点：它关注的是人们的意见，而不是他们对科学和政治过程的理解。因此，通过意图，民意调查员在公众关注的初级层面上锻造了一种本质上非理性的心态。这是一个有意识的决定，旨在破坏日益复杂的工业社会中广大人民群众对现实的理解。

如果你曾经看过 "福克斯新闻"，其中观众得到了 "美国人的想法 "的民意调查结果，然后在接下来的一个小时里，你发现自己在摇头，想知道民意调查的结果反映了你自己的思维过程，那么你不能不感到前所未有的困惑。

理解福克斯新闻和民意调查的关键可能在于李普曼对这些问题的说法。李普曼在其1922年出版的《民意》一书中，描述了塔维斯托克的心理战方法。

在题为 "外面的世界和我们头脑中的画面 "的介绍性章节中，[3] Lippmann指出

> "社会舆论分析家的研究对象是由该现实的内部感知或图像所定义的现实。公众舆论处理的是间接的、无形的、混乱的事实，而且没有任何明显的东西。舆论所指的情况只被称为意见。

> "这些人脑中的形象，对自己、对他人、对自己的需求、对自己的目标、对自己的关系的形象，就是他们的公众意见。这些形象，由一群人，或由代表群体的个人采取行动，是有资本的公众意见。在与外部世界的关系中，内在形象常常误导人。

从这个评估中，我们很容易迈出伯纳斯采取的下一个决定

---

[3]外部世界和我们头脑中的图像。Ndt.

性**步**骤，即管理社会的精英们可以调动大众传播的资源来动员和改变 "群 "的思想。

在李普曼的书之后一年，伯纳斯写了《*公**众**舆论的结晶*》。随后在1928年出版了一本名为《简单》的书。*宣传*。

在第一章 "组织混乱 "中，伯纳斯写道。

> 对群众的组织、习惯和意见进行有意识的、明智的操纵是民主社会的一个重要因素。那些操纵这个无形的社会机制的人**构成了一个无形的政府**，这就是我们国家真正的统治力量。

我们被治理，我们的思想被塑造，我们的品味被形成，我们的想法被提出，主要是由我们从未听说过的人......我们的隐形统治者在许多情况下不知道他们在内阁的同事的身份。

无论人们选择对这种情况采取什么态度，事实是，在我们日常生活的几乎**每一个行**为中，无论是政治还是商业，在我们的社会行为或道德思想中，我们都被相对较少的人--我们数百万人中微不足道的一部分--
所支配，他们了解大众的心理过程和社会模式。他们是那些拉线的人，他们控制着公众的思想，他们利用旧的社会力量，发明新的方式来约束和引导世界。

在《*宣传*》一书中，贝奈斯继对　　　　　　　　"隐形政府 "的赞美之后，又概述了下一阶段的宣传技术。

> 随着文明变得越来越复杂，对隐形政府的需求也日益显现，人们发明和发展了技术手段来治理舆论。有了印刷机和报纸、电话、电报、无线电和飞机，思想可以迅速甚至瞬间传播到整个美国。

为了支持他的观点，Bernays引用了 "舆论操纵 "的导师H. G. Wells。他引用了《*纽约时报*》1928年的一篇文章，其中威尔斯称赞
"现代通信手段""**开辟了政治**进程的新世界"，并使
"记录和维持共同目标

"以对抗变态和背叛成为可能。对威尔斯来说，"大**众**传播"的出现，包括电视在内，意味着为社会控制开辟了奇妙的新途径，超出了英国费边社早期大规模操纵狂热者的最疯狂梦想。我们将在本文后面再讨论这个极其重要的问题。

第六章

大众传播迎来了调查行业

对伯纳斯来说，对威尔斯想法的认可为他在美国舆论控制者的等级制度中赢得了关键地位；1929年，他在CBS获得了一个职位，该公司刚刚被威廉-佩利收购。

同样，大众传播的出现也催生了投票和抽样调查行业，为媒体黑手党（从幕后**运作的** "隐形政府"的一部分）组织大众的看法。

1935-36年，投票工作如火如荼。同年，埃尔莫-罗珀推出了他的《财富》杂志FOR民意调查，后来演变成他在《纽约先驱论坛报》的"人们在想什么"专栏[4]。

乔治-盖洛普创立了美国舆论研究所；-- 1936年，他**开**设了英国舆论研究所。盖洛普将围绕普林斯顿大学开展活动，与哈德利-坎特里尔领导的复杂的公众舆论研究办公室/国际社会研究所/心理学系互动，这注定会在发展后来用于编造水瓶座阴谋的心理分析方法中发挥越来越重要的作用。

在同一时期，即1935-36年，在**两家考**尔斯家族拥有的报纸《明尼阿波利斯星报》和《得梅因纪事报》的推动下，总统选举中首次使用了民意调查。考尔夫妇仍在从事报纸业务。

总部设在华盛顿州的斯波坎市，他们是活跃的舆论制造者

---

[4] "人们的想法"，Ndt。

，他们对布什的伊拉克战争的支持是一个关键因素。

目前还不清楚是谁引入了 "总统顾问"的做法，这些人不是由公民选举产生的，公民也无法控制他们，但他们决定国家的内部和外部外交政策。伍德罗-威尔逊是第一位使用这种做法的美国总统。

民意调查和第二次世界大战

这些都是为下一阶段做的小准备，而下一阶段是由两个重要的交叉事件引发的：移民心理战专家库尔特-卢因（Kurt Lewin）来到爱荷华州，以及美国卷入第二次世界大战。

第二次世界大战为塔维斯托克的新兴社会科学家提供了一个巨大的实验领域。在卢因的领导下，二战后部署的关键部队将使用为战争开发的技术来对付美国民众。事实上，1946年，塔维斯托克向美国平民宣战，此后一直处于战争状态。

卢因、威尔斯、伯纳斯和李普曼所阐述的基本概念仍然作为操纵公众舆论的指南而存在；战争给社会科学家提供了机会，使他们能够以高度集中的形式应用这些概念，并在他们的指导下将大量的机构聚集起来，以实现他们的实验目标。

作为形成 "公众舆论"的工具，中央机构是国家士气委员会。表面上是为了动员对战争的支持，就像威尔逊总统成立他的管理委员会来"管理"第一次世界大战一样，其真正的目的是对"轴心国"和美国人口进行深入的分析，以建立和维持一种社会控制手段。

该委员会由美国社会的几位领导人领导，包括罗伯特-巴斯、赫伯特-贝亚德-斯沃普以及其他知名人士。它的秘书是玛格丽特-米德的丈夫格雷戈里-贝特森，他是著名的中情局 "MK-

Ultra

"迷幻剂实验的主要煽动者之一，一些专家认为这是美国毒品、摇滚和性反叛文化的启动工具。

该委员会的委员会成员包括民意测验专家乔治-盖洛普（George Gallup）、情报官员拉迪斯拉斯-法拉戈（Ladislas Farago）和塔维斯托克（Tavistock）心理学家加德纳-墨菲（Gardner Murphy）。

该委员会开展了一些特别项目，其中最重要的是一项关于如何对德国进行最佳心理战的重要研究。在舆论项目的发展中发挥了重要作用的关键人物是

*   Kurt K. Lewin，教育和历史；心理学；社会科学

*   Gordon W.教授奥尔波特，心理学

*   埃德温-G-鲍林教授，心理学

*   哈德利-坎特里尔教授，心理学

*   罗纳德-利皮特，社会科学

*   玛格丽特-米德，人类学，社会科学；青年和儿童发展

工作人员包括100多名研究人员和几个对项目至关重要的舆论分析机构。

这些特别项目小组之一是在战略事务办公室（OSS）（中央情报局的前身），由玛格丽特-米德、库尔特-卢因、罗纳德-利皮特、多尔文-卡特赖特、约翰-K.-卡里尔、卡里尔-卡里尔、卡里尔-卡里尔、卡里尔-卡里尔、卡里尔-卡里尔组成。法国和舆论专家，如塞缪尔-斯托弗（Samuel Stouffer）（后来成为哈佛大学实验室社会关系组主席）、哥伦比亚大学社会学系的保罗-拉扎斯菲尔德（Paul Lazarsfeld），他与剖析师哈罗德-拉斯韦尔（Harold

Lasswell) 一起为OSS开发了一种基于对敌国当地新闻的详细 "内容分析 "的 "舆论研究 "方法，以及兰斯-利克特 （Rensis Likert）。

利克特是战前保诚保险公司的一名高级管理人员，作为人寿保险机构管理协会的研究主任，他已经完善了剖析技术。这使他能够与美国战略轰炸调查的负责人进行有利的互动，该负责人是保诚人寿保险公司的前负责人。利克特在1945年至1946年期间担任战略轰炸调查公司的士气部主任，这使他在分析和操纵大众舆论方面有了相当大的余地。

第七章

舆论的形成

根据塔维斯托克研究所的档案，战略轰炸调查在使德国屈服方面发挥了关键作用，它通过对德国工人住房进行系统轰炸的高度纪律化计划，皇家空军的阿瑟-哈里斯爵士非常乐意执行这一计划。

此外，从1939年到1945年，李克特领导了农业部的计划调查司，从中产生了关于   "大众劝说"技术的重要研究。或者，换一种说法，"让公众舆论同意预期目标"。人们只能猜测，有多少公民认为他们对 "盟国"战争的支持是源于他们自己的意见。

利克特在这个部门的主要合作者之一是多温-卡特赖特（Dorwin Cartwright），他是卢因的门徒和未来的塔维斯托克代理人，他写了《大众劝说的一些原则》手册，至今仍在使用。

在战争的大部分时间里，由加德纳-考尔斯领导的战争信息办公室（OWI）是塑造公众舆论的另一个重要机构。伯纳斯被带入OWI，担任顾问。正是从我们这里描述的联系中，第二次世界大战后出现了主要的"投票机构"网络。从那时起，他们在美国生活中发挥了强大的决定性作用。从全国道德委员会董事会中脱颖而出的盖洛普公司加紧活动，成为民调机构推出300人委员会新政策的重要指挥者，并将其作为"民调结果"。

伯纳斯在战后发挥了几个关键作用。1953年，他为国务院写了一份文件，建议成立一个国家心理战办公室。1954年，他担任了美国空军的顾问，这是武装部队中受战略轰炸调查人员影响最大的部门。

20世纪50年代初，伯纳斯是联合水果（United Brands）公司的公共关系顾问，该公司是国家安全/通信机构（艾森豪威尔的"军事工业综合体"）的主要公司之一，当时正忙于巩固其对美国政治的权力。

伯纳斯领导了声称危地马拉正处于 "共产主义控制"之下的宣传活动，这导致了美国在该国组织的政变。1955年，伯纳斯将他的经历写成一本书，名为《同意的工程》。[5]

这本书已经成为美国政府遵循的虚拟塔维斯托克计划，以推翻任何政策不被一元化政府社会主义独裁政权接受的国家。

在整个战后时期，伯纳斯是应用人类学协会的成员，该协会是玛格丽特-米德在美国的社会控制机构之一，也是社会问题心理研究协会的成员，该协会由塔维斯托克创始人约翰-罗林斯-里斯建立，在美国人口中进行 "精神病学冲击部队"。

她的第一个行动是在佛罗里达州对同性恋进行清算，此举遭到了安妮塔-布莱恩特的激烈反对，她不知道自己要面对的是什么。

他的第二个行动是引入非白人比白人更聪明的主题，我们将在后面讨论这个问题。

利克特搬到了密歇根大学，创建了社会研究所（ISR），该研究所吸收了马萨诸塞州群体动力学研究中心，这是塔维

---

[5] *同意的制造*, Ndt.

斯托克在战后早期的主要美国分支机构。

塔维斯托克ISR是许多批判性剖析和　　　　　　　"意见研究"小组的中心，包括由利克特在OSS的合作者、卢因的弟子罗纳德-利皮特建立的科学知识利用研究中心。

该项目的主任唐纳德-迈克尔是罗马俱乐部的领导人物，第二个分组，即调查研究中心，是利克特的个人创作，逐渐成为美国最精心设计的"探测"（创造）大众态度和趋势的机构，其中最主要的是贬低和贬低女性气质，以及根据卢因精心设计的方案强调非白人的卓越智力。

罗伯特-哈钦斯在这个时候成名，他早年最亲密的同事是威廉-本顿，1929年与切斯特-鲍尔斯一起创办了著名的广告公司本顿和鲍尔斯。本顿以本顿和鲍尔斯为手段，通过广告来发展大众控制的科学。

正是本顿的开创性工作，在道格拉斯-**卡特的支持下，塔**维斯托克通过科罗拉多州的阿斯彭研究所，即一个世界社会主义政府300人委员会的美国总部，对美国媒体政策进行了新生的控制。

我顺便提一下，通过广告控制大众传媒的科学现在已经非常稳固，它已经成为舆论形成的关键组成部分。在战后初期，好莱坞将其纳入几乎所有的电影中。

广告（洗脑）是通过英雄所开的汽车类型和品牌、风流倜傥的劳伦斯-哈维所抽的香烟品牌、明星所穿的衣服和化妆来完成的，这些衣服随着时间的推移变得越来越大胆。直到现在，也就是2005年，布兰妮-斯皮尔（Britney　Spear）几乎赤裸的乳房和裸露的中腹，被**她**经常穿的紧身牛仔裤所暴露，以及被好莱坞喜欢蔑视的道德所贬低，女性气质被贬低。

第八章

妇女的堕落
和道德标准的下降

自从裙子长到膝盖以来，女性气质的退化速度明显加快。这表现在诸如主流电影和肥皂剧中的近乎色情的场景，我们敢说，这种场景成为 "完全和强制性"的日子已经不远了。

这种有吸引力的女性话语的下降可以归因于塔维斯托克方法论及其实践者坎特里尔、利克特和卢因。另一个值得注意的变化是，以跨种族接触和性爱为主题的电影数量增加，同时以最公开的形式宣称女同性恋者的"人权"。

为这项任务挑选和培训了一些特殊的人，最著名的可能是艾伦-德杰尼勒斯，**她在接受脱口秀和** "讨论"小组采访的幌子下获得了数十万美元的免费宣传，主题是"同性之爱"，即**两个女人之**间涉及某种性行为的接触。

本顿是贬低女性地位的先驱，他的导师是塔维斯托克的著名社会科学家哈罗德-拉斯韦尔，他与本顿一起在1940年成立了美国政策委员会。拉斯韦尔与本顿的合资企业标志着阿斯本在美国的秘密世界社会主义政府行动与塔维斯托克研究所之间最明显的联系。阿斯本成为委员会在美国的300个分支机**构的**总部。

赫德利-坎特里尔、利克特和卢因，将他们的方法论应用于人本主义心理学和洗脑，在利用 "舆论研究

"在社会中实现范式和价值转变方面发挥了越来越重要的作用，比如刚刚描述的那些，但在更大的范围内，在构成西方文明的各个层面上，它已经被称为几个世纪以来。

坎特里尔的大本营是普林斯顿大学的民意研究办公室，他从这里开展针对美国人民的战争行动，该办公室成立于1940年，同年坎特里尔写了《来自火星的入侵》一书，详细分析了纽约-新泽西地区的民众对1938年奥森-威尔斯的《世界大战》播出后的恐惧和惊慌反应。

他们怎么可能知道自己是剖析企业的一部分，因为可以合理地断定，在1938年，几乎没有美国人听说过哈德利-坎特里尔或塔维斯托克研究所。很想知道在2005年有多少美国人听说过塔维斯托克？

大多数人都记得奥森-威尔斯，但可能99%的人都不重视坎特利尔这个名字，也不知道塔维斯托克研究所。

让我们讲讲1938年10月30日**晚上的故事**，**因**为布什政府、国防部和中央情报局用同样的手法来塑造公众对2003年导致入侵伊拉克事件的看法，在2005年仍然**适用**。

1938年，奥森-威尔斯利用英国作家H.G.威尔斯（前军情六处特工）和他的《世界大战》一书，创造了假新闻大师的声誉。

在威尔斯作品的广播改编中，另一个威尔斯打断了新泽西的广播节目，宣布火星人刚刚登陆。"火星人的入侵已经开始，"奥森-威尔斯宣布。

在这四小时的演出中，至少有四次宣布，观众正在聆听的是H.G.威尔斯的故事如果变成现实会是什么样的虚构重演。但这是没有用的。恐慌笼罩着数百万人，他们惊恐地逃**离家园**，**封**锁了道路和通信系统。

这个   "骗局
"的目的是什么？**首先**，**它是**为了检验坎特里尔和塔维斯托克的方法在实践中的有效性，也许更重要的是为即将到来的欧洲战争奠定基础，在这场战争中，"新闻广播"作为可靠信息的既定来源，以及塑造公众舆论的论坛，将在收集和传播信息方面发挥关键作用。

在 "火星入侵"新闻公告播出两天后，《纽约时报》一篇题为"无线电的恐怖"的社论无意中强调了塔维斯托克在即将到来的战争中对美国人民的想法："作为娱乐开始的东西很容易以灾难结束，"社论说。电台主管有责任，"在将新闻技术与这种可怕的**虚构相混合之前**，应该三思而行。

泰晤士报》无意中发现的是塔维斯托克理论家眼中的未来浪潮。从现在开始，"将新闻技术与恐怖的小说混合在一起"，使其被当作事实，将成为塔维斯托克毕业生的标准做法。所有的新闻节目都将是 "新闻和小说"的改编，巧妙地混合在一起，使其无法辨认。

事实上，塔维斯托克在一年后将他新测试的理论付诸实践，当时伦敦、慕尼黑、巴黎和阿姆斯特丹等欧洲城市的居民都被战争的恐惧所打击，甚至内维尔-张伯伦也设法避免了战争，使用的技巧与1938年10月"世界战争"广播中使用的相同。

第九章

个人和团体对现实和虚构的混合有什么反应？

坎特里尔的结论是，公众的反应与他的特征分析研究实验使他相信的完全一样。1938年10月30日的那个星期天**晚上**成为他记录中的一个里程碑，也是一个标志着 "新闻"呈现方式发生巨大范式转变的日子。仅仅70多年后，世界仍然被灌输着混合着虚构的新闻，在许多情况下，虚构是可怕的。西方世界经历了不情愿地强加给它的激进变化，以至于它变成了一个与1938年10月那个夜**晚截然不同的世界**，成为 "**另一个星球**"。我们将在本书稍后回到这个基本主题。

第二次世界大战后，坎特里尔全面参与了塔维斯托克的首席大师、其创始人约翰-罗林斯-里斯及其在联合国教科文组织的全球紧张局势项目。

个人和团体如何应对国际紧张局势的简介是在巧妙地混合了事实和可怕的虚构的基础上制定的，用于发起'世界公民'（社会主义-共产主义的一个世界政府独裁）的运动，他们开始被用来削弱边界。语言和文化，诋毁民族自豪感和民族国家的主权，为新的社会主义世界秩序--一个世界政府做准备，伍德罗-威尔逊总统说美国将使"民主"安全。

这些来自阿肯色州和北卡罗来纳州的新鲜面孔的美国男孩

被派往欧洲，相信他们是在'为他们的国家而战'，却不知道威尔逊派他们去'为世界确保'的'民主'是一个单一世界政府的国际社会主义-共产主义独裁政权。

约翰-罗林斯-里斯是塔维斯托克杂志《人本主义心理学杂志》的编辑。他们的共同心态反映在1955年的专著《走向人本主义心理学》中，也是坎特里尔对戈登-机场的塔维斯托克训练的"人格"认知的支持的进步。正如他在1947年出版的《*理解人类的社会行为*》一书中，在 "因果**关系**"一章中所表述的那样。坎特里尔的方法论是基于这样的观点："成长的特定环境给了特定的个人一个特定的成长方向"。

坎特里尔的努力是很好的例子，他通过塔维斯托克致力于在目标人群的所有部门中强制进行重大的人格和行为改变，打破了所谓的中立意见形成和社会设计的意见制造之间的界限，正如我们所试图描述的那样。

Cantril任命了一个董事会来协助它的工作，其中包括：：

> 沃伦-本尼斯，塔维斯托克经理埃里克-特里斯的追随者。

> 玛丽莲-弗格森，**她将是《*水瓶座的阴谋*》的作者。**

> 让-休斯顿，大脑研究所所长，罗马俱乐部成员，《智力游戏》的作者。

> 奥尔德斯-赫胥黎，他监督了持续20年的MK-Ultra LSD计划。

> 威利斯-哈曼（Willis Harman），斯坦福大学的主任和"人类形象的改变"的导师，后来被伪装成"水瓶座的**阴谋**"并作为玛丽莲-弗格森的作品提出。

> 迈克尔-墨菲（Michael Murphy），埃萨伦研究所的主任，该研究所由赫胥黎和其他人建立，是一个"敏感性训练"和药物实验的中心。

> 詹姆斯-F-T-布根塔尔（James F. T. Bugenthal），是埃萨伦的崇拜创造项目的发起人。

> 亚伯拉罕-马斯洛（Abraham Maslow），非理性主义"思想力量"的主要阐释者，1957年AHP的创始人。

> 卡尔-罗杰斯，马斯洛1957年在AHP的同事。

AHP的统治思想在其1966年的期刊《人本主义心理学杂志》的一篇书评中得到了说明。

威利斯-哈曼在1967-69年在斯坦福大学学习的前一年，在评论马斯洛的《科学的心理学》一书时，对"ESP、精神运动学、神秘主义和意识扩张药物"（尤其是LSD和麦斯卡林）对"科学的挑战"表示欢迎。他称赞马斯洛的"新科学"将"催眠、创造力、超心理学和迷幻体验"推到了前台，并将科学关注点从"外部"世界转移到对"内在空间"的研究。

这是坎特里尔关于"特殊个性"的原始思维，被带到了它的逻辑结论。坎特雷尔拥有"荣耀和荣誉"，迫使西方世界的思维和行为方式发生巨大的范式转变。

奥斯瓦尔德-斯宾格勒肯定会毫不犹豫地将其视为他在1936年预测的西方国家衰落的原因之一。

在 "认知和行为结构 "方面做出改变。

无论二战后伴随着调查科学家的意识形态的具体色彩如何，通过"抽样方法"和"意见研究"进行社会工程的不变观念可以在卡特赖特为农业部计划调查司准备的论文《*大众劝说的一些原则*》中找到[6]。

这篇文章的副标题是

"**关于美国**战争债券销售的部分研究结果",[7] ，但正如**卡特**赖特明确指出的那样，调查的战争方面只是一个借口，目的是对如何改变认知以适应控制者可能有的目的的原则进行分析。

有人可能会问，出售战争债券与农业有什么关系，但这是**卡特**赖特的方法论的一部分。它是Bernays-Lippmann-Cantril-Cartwright假说在二战背景下的综合和集中体现。这篇文章在《塔维斯托克报》上刊登，应该能立即吸引读者的注意。

> 在上个世纪带来社会组织变化的许多技术进步中，"**卡特**赖特**开始**说，"大众传媒的发展有望产生最大的影响。人与人之间的这种相互依存关系的增加，意味着动员大规模社会行动的可能性大大增加。可以想象，一个有说服力的人可以通过使用大众传媒，使世界人口屈服于他或她的意志"。

我们不相信卡特赖特在说这番话的时候心里想的是耶稣基督。

在一个小标题 "创造一个特定的认知结构"下，**卡特**赖特继续说道。

> 第一个原则："几乎所有的心理学家都认为，一个人的行为是由他或**她**对他或她所处的世界的认知所引导的，这是一个不争的事实......从这个表述中可以看出，改变一个人的行为的方法之一是改变他或她的认知结构。通过大众传媒改变个人的认知结构有几个前提条件。这些可以说是原则"。

卡特赖特在叙述中穿插了将他的研究应用于第二次世界大战战争债券销售活动的例子，并继续发展这些原则。"'信息'

---

[6] *大众劝说原则*，译者注。

[7] "**关于美国**战争债券销售研究的选择性发现"，译者注.

（即信息、事实等）必须到达被影响者的感觉器官......总的刺激情况是根据对其一般特征的印象来选择或拒绝的，"等等。第二套原则进一步发展了修改 "认知结构 "的方法。

> 第二个原则："在到**达感**觉器官后，'信息'必须被接受为人的认知结构的一部分"。

卡特赖特在本节中指出

> "任何通过修改这种认知结构来改变行为的努力都必须克服那些倾向于维持现有结构的力量"。

只有当一个给定的认知结构对他或她的适应来说似乎不令人满意时，他或她才有可能轻易地接受旨在修改该结构的**影响**。"

在   "创造一个特定的动机结构 "的标题下，卡特赖特进一步分析了

> "使华盛顿的美国联邦储备局的理事们长期陷入动荡的社会诱因"。

第十章

调查时代的到来

伦敦的塔维斯托克诊所是西格蒙德-
弗洛伊德从德国来到这里后定居的地方，他的侄子爱德华-
伯纳斯后来在这里保持了一个完整的崇拜者圈子。

因此，英国成为大规模洗脑的世界中心，这种社会工程实
验在战后的诊所中蔓延到整个美国。

在第二次世界大战期间，塔维斯托克是英国陆军心理战办
公室的总部，该办公室通过英国特别行动执行局（SOE）
（后来称为军情六处）的安排，向美国武装部队支配心理
战的政策。

战争即将结束时，塔维斯托克的工作人员接管了世界心理
健康联合会和欧洲盟军远征军最高总部（SHAEF）的心理
战部门。

塔维斯托克的主要理论家库尔特-
卢因博士来到美国，组织了哈佛大学心理诊所、麻省理工
学院群体动力学研究中心、密歇根大学社会研究所，而他
的同事**卡特**赖特和坎特里尔则与他一起在战略事务办公室
（OSS）、海军研究办公室（ONI）、美国战略轰炸调查和
国家士气委员会的心理部门发挥关键的政治作用。

此外，许多有影响力的最高政治层人士都接受过卢因博士
的拓**扑心理学理**论的培训，这是迄今为止世界上最先进的
修改行为和洗脑方法。库尔特-
卢因在塔维斯托克的重要同事埃里克-特里斯特、约翰-

罗林斯-里斯、H-V-迪克斯、W-R-比昂和理查德-克罗斯曼,以及战略轰炸调查、国家士气委员会和国防资源委员会的部分成员,在兰德公司、斯坦福研究所、沃顿商学院、国家培训实验室和国家心理健康研究所加入了卢因。

美国政府**开始与所有**这些机构签订数百万美元的合同。在四十年的时间里,联邦政府拨出数百亿美元资助这些团体的工作,而私人基金会又向这些机构提供了数百亿美元的资金。

多年来,这些机构不断壮大,它们所承包的项目范围也随之扩大。美国人民精神和心理生活的方方面面都已被剖析、记录并储存在计算机数据库中。

这些机构、工作人员和网络不断扩大,深入到联邦、州和地方政府的各个角落。他们的内部专家和毕业生被要求为社会服务、劳工调解委员会、工会、空军、海军、陆军、国家教育协会和精神病诊所以及白宫、国防部和国务院制定政策。这些机构还受益于与中央情报局(CIA)的**众多合**同。

这些智囊团与美国的主要民意调查机构和媒体公司之间建立了密切的合作**关系。盖洛普民意**调查、扬科维奇-哥伦比亚广播公司-纽约时报民意调查、国家舆论研究中心和其他机构不断对普通民**众**进行心理分析,与无处不在的社会心理学家分享评估和处理结果。

公众在报纸上看到的民意调查只是民意调查员所做工作的一小部分。塔维斯托克之所以能控制西方日常业务的关键领域,关键之一是没有其他沟通手段。

美国现在有自己事实上的电视台--福克斯新闻,自从被理查德-默多克收购后,它几乎成了政府的无缝宣传机器。

在这个由社会心理学家、调查员和媒体操纵者组成的严密团体之上，有一个强大的赞助人精英，即"奥林匹斯之神"（300人委员会）。

众所周知，这个团体控制着世界上的一切，但俄罗斯和最近的中国除外。

它以全面、严谨和统一的方式计划和实施长期战略。它控制着美国最大的财富500强公司中的400多家，其环环相扣的**关系涉及政府、商业**、银行、外交政策、情报机构和军事机**构的每一个方面**。

这个精英阶层吸收了美国早期历史上的所有其他"权力集团"；罗斯柴尔德集团、摩根、洛克菲勒、由帕金斯、**卡博特、洛奇家族所代表的**东海岸自由派，以及过去价值数十亿美元的东印度鸦片贸易的精华。

其等级制度包括英国东印度公司后裔的古老家族，他们的巨额财富来自鸦片贸易，从上到下都被统治，其中包括欧洲皇室等。

在华盛顿情报机构的最深处，高级情报官员以低沉的语调和神秘的语言将这个令人印象深刻的团体称为"300人委员会"。这些领导人被称为"奥林匹亚人"。没有他们的青睐，美国总统就不会当选或继续任职。

那些反对他们控制的人被清除。例如，约翰-F-肯尼迪、理查德-尼克松和林登-约翰逊。300人委员会是国际社会主义世界政府，它在幕后管理新世界秩序，它将留在那里，直到它准备好出现并在国际共产主义独裁中全面公开控制世界上所有的政府。

第十一章

范式的转变
在教育方面

在20世纪70年代，各级学校课程实施了彻底的范式转变，以至于学生在公民课程方面获得学校学分，而不是阅读、写作和算术。一场　　　　　　　　　　　　　　"随意性"和使用毒品的流行病压倒了上学的青少年，并蔓延到全国。

1980年7月，在第一届全球未来会议的主持下，在加拿大多伦多举行了一次大型国际会议，来自所有智囊团的4000名社会工程师、控制论专家和未来学家参加了会议。会议由塔维斯托克研究所的亿万富翁主席莫里斯-斯特朗领导，他确定了主题。

> "现在是时候从反思和对话转向行动了。本次会议将成为1980年代这一重要行动的启动平台。

斯特朗是加拿大石油公司的总裁，该公司是　　"奥林匹亚人"众多　　　　　　　　　　　　　　　　"旗舰"公司之一。他是英国特务机构军情六处的成员，在第二次世界大战期间，他的军衔是上校。斯壮和他的公司网络大量参与了利润丰厚的鸦片、海洛因和可卡因贸易。斯特朗和奥尔德斯-赫胥黎对席卷美国和后来的欧洲的LSD瘟疫负责。他是联合国环境方案的主任。

会议上　　　　　　　　　　　　　　　　　"奥林匹克

"的主要发言人之一是北约智囊团罗马俱乐部主席奥雷利奥-佩切伊博士。

北大西洋公约组织（NATO）是作为水瓶座阴谋的一部分而建立的，这是威利斯-哈蒙领导下的斯坦福大学社会学家的一个项目。而北约则成立并推动了一个名为"罗马俱乐部"的新分支，这个名字是为了混淆和掩饰，因为它与天主教会毫无**关系**。

不谈罗马俱乐部（以下简称"**俱**乐部"）的技术细节，它的目标是制衡后工业时代的农业和军事扩张，一个"后工业时代的农业零增长社会"，它应该结束美国机械化农业的蓬勃发展的制造业和不断增长的粮食生产能力。俱乐部和北约的成员资格是可以互换的。

斯坦福研究中心、塔维斯托克研究所和其他应用社会精神病学中心都加入了这个行列。1994年，塔维斯托克与美国国家航空航天局（NASA）签署了一份重要合同，以评估其太空计划的影响。俱乐部本身在1968年才成立，是在一个世界政府内呼吁建立新世界秩序的一部分。**俱**乐部成为对工业国家施加增长限制的工具，而美国是第一个被列为目标的国家。

这实际上是为实现"300人"的目标而采取的最初步骤之一，即让美国回到一种封建国家，整个人口由一个新的神秘贵族控制。俱乐部抨击的行业之一是核电，它成功地阻止了所有用于发电的核电站的建设，这使得需求远远超过电力供应。北约是其军事联盟，以保持俄罗斯的地位。

下列项目列入上述1980年会议的议程。

> 妇女解放运动。

> 塔维斯托克人类学家玛格丽特-米德和格雷戈里-

贝特森提出的黑人意识、种族混合、消除对通婚的禁忌。

➤ 这次会议决定启动一项积极的计划，将 "有色人**种**"说成是比西方文明中的白人更优越。正是在这个论坛上，奥普拉-
温弗瑞和一大批黑人被招募和培训，以发挥他们的作用，将 "混血儿"说成比白人更优越。

➤ *这也体现在电影中，黑人明星突然大量涌现，以至于成为家喻户晓的人物。当黑人被置于高于白人的权威地位时，如法官、联邦调查局或军队的区长、大公司的首席执行官等，也会出现这种情况。

➤ 年轻人对想象中的社会弊端的反叛。

➤ 对企业社会责任的兴趣日渐浓厚。

➤ 代**沟意味着一种范式的**转变。

➤ 许多年轻人的反技术偏见。

➤ 实验新的家庭结构--
人际关系中，同性恋和女同性恋已经"正常化"， "与其他人没有区别"--
在社会各个层面都可以接受，两个女同性恋"妈妈"。

➤ 诸如 "绿色和平"之类的假保护/生态运动的出现。

➤ 对东方的宗教和哲学观点重新产生了兴趣。

➤ 对 "原教旨主义"基督教的重新**关注**。

➤ 工会**关注的是工作**环境的质量。

➤ 人们对冥想和其他精神学科 **"卡巴拉**"的兴趣日益浓厚，将取代基督教文化，并选择了一些特殊的人来教授和传播卡巴拉。第一批被选中的弟子是雪莉-麦克林、罗莎娜-

巴尔以及后来的麦当娜和黛米-摩尔。

➤ 自我实现 "的过程越来越重要。

➤ *由 "Ice Cube "等团体重新创造音乐，"**嘻哈** "和 "说唱"。

➤ **一种新的**语言形式，其中的英语被肢解得无法理解 。这种现象延伸到了黄金时段的新闻播报员。

这些不同的趋势标志着一种社会动荡和深刻变革的气氛的 出现，因为一种新的人类形象开始流行，给西方文明带来 了根本性的变化。

一个 "无领导 "但强大的网络，即 "无形的军队"，着手在美国实现 "不可接受的 "变革。它的核心成员是 "冲击部队"，他们激化了所有形式的规范，打破了西方文 明的**关**键因素。在 "奥林匹亚人 "中，这个网络被称为 "水瓶座**阴**谋"，其追随者被称为 "无形的冲击部队"。

这种大规模的、巨大的、不可逆转的范式转变在我们睡觉 的时候入侵了美国，用新的政治、宗教和哲学体系扫除了 旧的东西。这就是新的世界秩序--一个世界政府-- 的公民接下来要展示的东西，一种新的精神-- 一个没有民族国家的新秩序的诞生，没有地方和种族的骄 傲，过去的文化注定要进入历史的垃圾堆，永远无法复兴 。

我们从经验中知道，这项工作很可能会遭到蔑视和不信任 。有些人甚至会为我们感到遗憾。诸如 "超常规 "等术语将被用来描述这项工作。这是人们在不了解塔维斯 托克的社会科学家、洗脑者、舆论制造者、社会心理学家 对美国发动战争的动机时的通常反应。大概率是，90%的 美国人不知道塔维斯托克向德国平民宣战以结束二战。

当这场冲突在1946年结束时，塔维斯托克的大规模洗脑和 舆论工作者与美国人民开战了。

如果这是你对这个演讲的反应，不要感到难过--
明白这是你应该有的反应。如果这个动机看起来很牵强，
不靠谱，甚至不可理喻，那么这个动机就
"不存在"。如果是这样，那么由此产生的行动就不存在；
因此，ERGO "奥林匹亚人"不存在，也没有情节。

但事实是，一个巨大的阴谋确实存在。毫无疑问，塔维斯
托克的主要科学家和所有智囊团的关键理论家库尔特-
卢因（Kurt
Lewin）可以比我们做得更清楚地解释它，如果他想的话。
他的实践来自于他所谓的   "拓**扑心理学**
"的学说。卢因就是那个理论使第二次世界大战的心理战战
役得以成功进行的人，就是那个策划和执行战略轰炸的人
，这个战略轰炸导致德国在第二次世界大战中被大规模摧
毁了65%的德国工人住房，我们刚才已经非常简要地谈到
了这个问题。

第十二章

卢因的学说
"身份改变"。

Lewin的学说对于普通人来说并不容易理解。基本上，卢因指出，所有的心理现象都发生在一个被定义为 "心理相空间 "的领域内。这个空间由两个相互依存的 "场 "组成，"环境 "和 "自我"。

"受控环境
"的概念产生于这样的研究：如果你有一个固定的人格（一个可以被预测的人格），而你想从这个人格中得到一个特定的行为类型，你只需要控制方程式中的第三个变量就可以产生所需的行为。

这是社会心理学公式的标准。军情六处使用它，几乎所有**涉及**谈判的情况都使用它；军队的反叛乱行动、劳工谈判和外交谈判都使用它，显然直到20世纪60年代。

1960年后，塔维斯托克改变了等式，更加强调受控环境的技术；不是行为，而是期望的人格。卢因所要实现的目标要激进和持久得多：改变人类人格的深层结构。简而言之，Lewin所取得的成就是超越了 "行为矫正"，而是"**身份改**变"。

身份的改变得到了世界各国的拥护。各国都在努力获得一**种** "新个性"，以改变世界对它们的看法。

该理论是基于两位塔维斯托克理论家的原始表述，即威廉-萨金特博士在其《**心灵之战**》一书中的理论，以及库尔特-

卢因关于人格回归的工作。

Lewin观察到，"个人的内在自我在受到环境紧张的影响时，会表现出某些反应。当没有紧张的时候，一个人的正常内心就会有很好的分化，平衡，多面性和多功能性"。

"当环境施加合理的张力时，内在自我的所有能力和官能都变得警觉，准备有效地行动。

但是，当一种无法忍受的张力被施加时，这种几何学就会崩溃，变成一种盲目的、无差别的汤；一种处于倒退状态的原始人格。人沦为动物；高度分化和多变的能力消失了。受控环境占据了人格。"

正是这种卢因   "技术
"被用于关押在关塔那摩湾监狱营地的俘虏，无视国际法和美国宪法。布什政府在这个营地的公然不当行为超出了正常的西方基督教文明的范围，而顺从的美国公众对它的接受可能是第一个迹象，表明美国人民已经被塔维斯托克的
"长期渗透和国内调节
"改变了，他们现在已经准备好在一个世界政府中降到新世界秩序的水平，在那里这种野蛮的   "待遇
"将被视为正常，并在没有抗议的情况下接受。

医生们参与了对另一个人的非人道折磨，却毫无悔意，这表明世界已经堕落到了何种地步。

据观察，这是古巴关塔那摩湾军营的基础，在那里开设军营是为了避免美国宪法的限制，并提供一个受控的卢因式环境。被关押在这个心理监狱里的人现在处于一种倒退的状态，他们已经被降到了动物的水平。

关塔那摩是我们认为当新世界秩序--一个世界的政府--完全控制世界时，将在整个美国和全世界建立的那种营地。这是一个虐待狂、非人道和兽性的集中营，旨在瓦解受害者的自然自豪感，瓦解反抗的意志，将囚犯降为野兽。

在当时的苏联进行的第一次世界政府实验中，男人们被允

许使用厕所，只是在疏散过程中被打断，在他们能够清洗自己之前就被推出来了。当控制者受到全世界的监督时，阿布格莱布和**关塔那摩大**约处于这个水平。担任首席卡波的米勒将军后来从人们的视野中消失了。

坚持要求美国政府遵守宪法并要求享有宪法权利的'持不同政见者'今后将被当作'持不同政见者'对待，就像斯大林在俄罗斯对待'持不同政见者'一样。未来的　　　　　　**"关塔那摩"**已经在美国各地兴起，这预示着事情即将发生。我们可以肯定的是。

第十三章

两次世界大战之间西方文明的诱发性衰退

在所有欧洲国家中，在**两次世界大**战之间，德国作为一个超级经济、超级种族纯洁、超级战士的国家，正如预料的那样，遭受了最大的损失。国联是一个世界政府中快速到来的新世界秩序的
"初稿"，而巴黎和会上由塔维斯托克指导和控制的
"和平建议"，旨在将德国打造成一个永久性的欧洲二等强国，其自尊心将被社会降级为贫民，或最多是无产阶级地位而摧毁。

毫不奇怪，德国人民狂热起来，给了希特勒所需的大规模支持，把他潜在的民族主义运动变成了一股复兴的力量。

我们永远不会知道塔维斯托克是否做出了错误的判断，或者他是否因此为一场更大、更血腥的战争埋下了伏笔。毕竟，米德和伯特兰-罗素曾说过，我们需要的是一个由
"温顺
"的臣民组成的世界。罗素曾评论过他在美国旅行时遇到的美国黑人的   "孩子气
"性格。罗素说，他更喜欢他们，而不是白人。他还说，如果白人**种族要生存下去，就必**须学会像孩子一样，像黑人一样。然而，塔维斯托克的使者扩展了他的想法，他把黑人称为
"无用的吃货"，并宣布他们应该被大规模地消灭掉。

罗素还赞赏巴西人民的温顺，他说这是由于
"与作为奴隶带来的非洲人的跨种族繁殖"。

有一派观点认为，策划两次世界大战的怪物们的主要目标
之一是，战争应该主要由年轻的白人男子参加。当然，德
国、英国、美国和俄罗斯失去了数以百万计的男性人口之
花，他们永远离开了国家的基因库。在塔维斯托克设计的
第一次世界大战中，战争前线和战斗的组织方式使俄罗斯
损失了900万人，即其总兵力的70%。

除俄罗斯外，贵族在战争和革命的经济后果中受到的伤害
比资产阶级小得多。传统上，他们的大部分财富是土地，
在通货膨胀的情况下，土地不会像其他有形资产那样贬值
。

君主制国家（英国除外）的解体打击了上层社会的旧秩序
，他们不能再继续以军官或外交官的身份为社会服务--
他们的服务不再被需要--这种服务的机会比战前少得多。

一些俄罗斯贵族成员勇敢地接受了无产阶级甚至工人阶级
的身份，在战后的巴黎担任出租车司机、夜总会搬运工和
俄罗斯管家；其他人则经商。然而，大多数人陷入了被社
会诋毁的生活。以前，在旧的君主制首都和社会其他地区
，社会之间严格把关的界限是无法逾越的，现在随着界限
的模糊，出现了巨大的差距。

正如温莎公爵在其回忆录《国王的故事》中所说。

> "变革的力量还没有深入到英国社会的肌理中，以至于抹去
> 了许多旧的优雅。在所谓的伦敦季节，西区几乎是一个从
> 午夜到黎明的连续舞会。夜晚总是可以通过求助于一个或
> **另一个同性恋夜**总会来挽救，这些夜总会在当时已经变得
> 如此时髦，几乎令人尊敬。"

(当时，"同性恋   "一词的意思是
"快乐"。它只是在五十年代中期被用来作为开苞的委婉说
法）。公爵也没有解释他提到的   "改变的力量
"是由塔维斯托克研究所专业地实施的。

在第一次世界大战结束后不久，女性谦虚的下降就变得很明显，突然出现在各个地方，而且速度越来越快。在不知情的人看来，这是一种社会现象。没有人能够怀疑惠灵顿宫及其阴险的社会工程师是原因。

这种女性解放伴随着一场反抗，特别是在年轻人中间，反对任何传统的身心束缚，这种束缚在没落帝国的破碎偶像中逐渐消失。欧洲战后的一代人在拼命摆脱他们所经历的战争恐怖时，对所有的习俗进行了反抗。裂缝骤降，在公共场合吸烟和喝酒成为一种反抗的形式。同性恋和女同性恋变得公开化，不是出于内心的信念，而是作为对所发生的事情的抗议，作为对战争所破坏的一切的反叛。

激进和革命的过度表现在艺术、音乐和时尚上。爵士乐"在空气中弥漫，"现代艺术   "被认为是"时髦"。一切都可以理解的元素是   "不在乎"[8] ；这让人不安和不真实。这些年，整个欧洲都处于震惊之中。惠灵顿宫和塔维斯托克已经很好地完成了他们的工作。

在被不可控制的事件推动的忙碌感之下，隐藏着精神和情感的麻木。在这场战争中，数以百万计的年轻人被无谓地屠杀、致残、受伤和被毒死，人们刚刚开始感受到战争的恐怖，因此必须将其"从记忆中抹去"。

伤亡使战争在其可怕和残酷的丑陋中变得过于真实，人们在**震惊和革命中退**缩，在和平的幻灭带来的绝望中退缩。拥有体现西方文明的优越文化的欧洲人，甚至比美国人更加**震惊。**

他们失去了对进步基础的信心，而这些基础曾支撑着他们的父辈和祖辈，并使他们的国家变得伟大。而这一点在德国、俄国、法国和英国尤为明显。

有思想的人无法理解为什么世界上两个最文明和最先进的

---

[8] "什**么** 都不要管"，Ndt。

国家会自我分裂，并夺走他们数百万最优秀年轻人的生命。**仿佛一种可怕的**疯狂抓住了英国和德国。

对那些知情者来说，这不是疯狂，而是惠灵顿府的方法论让英国年轻人为之着迷。对这种情况可能再次发生的恐惧几乎阻止了第二次世界大战的爆发。

从大屠杀中归来的军官们向新闻报刊描述了在 "大战"中经常发生的手足相残的恐怖场面。他们感到震惊和恐惧，**惊恐和心灰意冷。他**们都不明白为什么会发生战争。惠**灵**顿府和 "奥林匹亚人"的黑暗秘密一直被隐藏着，直到今天。

过去，英国君主在伦敦白厅墓碑前戴上王冠会带来安慰，而现在则会引起痛苦、愤怒和厌恶。第二次世界大战的舞台已经搭好，塔维斯托克将在这次战争中发挥巨大而不相称的作用。

有一些思想家有话要说：例如历史上的斯宾格勒，文学上的海明威、伊夫林-沃，以及美国的厄普顿-辛克莱和杰克-伦敦，但他们的信息同样暗淡，甚至比斯宾格勒对西方文明不可避免的衰落的**阴郁**预示还要暗淡。

这些印象被战后个人关系的恶化所证实。离婚和对妻子的欺骗更加频繁。女人被放在基座上的美丽概念，温柔的女性，拥有美丽的腔调，是上帝创造的花朵，是神秘的，这是一个正在消失的理想。取而代之的是尖锐的、响亮的、粗俗的，说话尖锐、刺耳，比如被一个特别流行的晨间脱口秀节目所占用和普及的那种。

没有人能够知道，这种可悲的衰退是塔维斯托克对西方女性的战争的最终产物。

在战后的欧洲，巴黎的蒙帕纳斯（Montparnasse）已经成为一个悲伤的地方。战后的维也纳，由于战争的浪潮席卷了它的许多儿子，而变得空荡荡的，甚至更加悲哀。但是，曾经如此热闹和干净的柏林，已经成为欧洲的巴比伦，也许是最悲哀的地方。

> "任何经历过那些世界末日的月份、那些年月的人，都会感到厌恶和愤懑，都会感受到一种反作用力的到来，一种可怕的反应。

历史学家茨威格写道。

接替君主、贵族和老式资产阶级王朝的新权力精英在政治、精神和社会方面的破产，在许多方面比他们的前辈更为壮观，而在美国，随着富兰克林-D-罗斯福领导的社会主义时代的到来，这种情况最为明显。然而，这一次，领导力的黯淡并不局限于一个大陆，也不局限于社会的某个特定阶层。

作为一个地理上的新世界，就其面临的问题而言，富兰克林-罗斯福的美国很快就表明，美国只比弗朗茨-约瑟夫的奥匈帝国的不合时宜之处略少。在这里，他正在建立一个新世界秩序的   "民主"社会主义，直接采用费边社创造的模式，而美国则是一个邦联式的宪政共和国，这恰恰相反。

欧洲权力和威望的中心从前西方民主国家转移到中央帝国，以及美国取代亡国君主的传统统治阶级，都无助于改善战后世界的经济、政治、社会、道德或宗教气候。华尔街的崩溃和随后的经济萧条雄辩地证明了我们的主张的真实性和准**确性，即使是无声的。**

塔维斯托克研究所组织这次活动的方式可以从我们在附录中提供的活动日历中看到。

第十四章

美国不是一个 "祖国"。

长期以来，美国一直是大规模传播宣传的最肥沃的土壤，其居民一直是勾结、谎言、欺骗的对象，英国人在这方面一直领先于世界，世界上第一个精神控制、洗脑和宣传的中心是塔维斯托克人类关系研究所。它的前身是诺斯克利夫勋爵建立的组织，他娶了罗斯柴尔德的一位女继承人，并得到罗斯米尔勋爵和美国人沃尔特-利普曼和爱德华-伯纳斯的大力协助。

从1914年这个微不足道的开始，塔维斯托克人类关系研究所应运而生，它在创造大规模的宣传方面是无与伦比的。塔维斯托克是一个致力于宣传和打击的机构，以适应生活的所有方面。塔维斯托克像对待一场战斗一样对待宣传工作，从某**种意**义上说，这就是宣传工作。没有半点措施；这是一场战争，只要能确保胜利，什么都可以。

纵观政治舞台，人们无法回避这样一个事实：在过去二十年里，宣传的深度和数量的增加，特别是精神控制，已经无处不在。对任何问题，无论是经济问题还是政治问题，正**确运用宣**传手段是政府控制机制的一个重要组成部分。

斯大林曾经说过，如果你想要一个温顺的人口，你必须对他们释放恐惧和恐怖。在某种意义上，这就是在美国和英国发生的事情。

第二次世界大战为把宣传变成一门高雅的艺术提供了无限的机会。如果我们看看罗斯福政府为改变美国人民的想法所做的努力，87%的人反对加入欧洲战争，我们看到罗斯福并没有成功。美国人民拒绝在欧洲开战。

日本对珍珠港的袭击是一个精心策划的情况，一个事先选定的借口，才使公**众**舆论转向支持美国加入欧洲战争。罗斯福声称，美国是在为民主和其生活方式而战，但事实并非如此；战争是为了推进国际社会主义事业，实现其在单一世界政府下建立新的世界秩序的目标。

为了有效，宣传必须针对全体人民，而不是针对个人或个别群体，目的是为了吸引尽可能广泛的注意力。它并不打算作为个人指导。事实在宣传中不起作用，宣传的目的总是为了制造一种印象。它必须以片面、系统和持续的方式**灌输**政府、媒体和政治领导人所说的就是真理。而且必须以这样一种方式呈现，让人们觉得这是他们的想法。

因此，宣传必须针对大众受众，其信息才能深入人心。让我们举一个最近的例子，说明一般会被接受的受众所采纳的那**种宣**传。世贸中心灾难发生后，布什总统创建了一个新的政府机**构，他称之**为国土安全办公室，并任命了一名主任来监督该机构。

这听起来非常令人欣慰和舒心，直到我们看一看，该修正案将布什先生提议夺取的所有权力保留给各个州。

布什先生不能推翻第十修正案的事实被轻率地忽略了。宣传文本说他可以，由于他是在对群众讲话，他们相信文本而不是他们的宪法，所以对这种公然违反宪法的行为几乎没有有效的反对，特别是10
修正案。布什似乎是按照斯大林的指示行事。

"如果**你想控制人民，就从恐吓他**们开始。"

反对　"国土安全　"准立法的人被贴上　"不爱国　"和"支持恐怖主义
"的标签。同样，这个假法律根本不是法律，纯粹是宣传的绝对事实从未受到质疑，而是被动地被没有思考能力的公

众接受。公众舆论就是这样形成的，正是这种舆论导致立法者投票支持   "国土安全"或任何其他虚假的立法，正如伯纳斯和李普曼在惠灵顿之**家一开始就声称的那**样。立法者按照党派路线投票，就像英国议会制度一样，并不以美国宪法为基础进行投票。他们知道，如果反对总统，他们很有可能在下次选举中失去**一份舒适的工作，或者被一个狡猾的** "行政 "人员诋毁。

美国不是一个
"祖国"，而是50个独立和不同的州。在任何情况下，"祖国"这个词都是直接来自《共产党宣言》。由于政府的最终目标是建立一个新的世界秩序，一个国际共产主义政府，选择这个词来命名共产主义立法不应该让我们感到惊讶。

控制教育、福利和**警察权力**的权力属于各州，它一直都在那里，而且在签订契约时也没有从各州手中夺走。无论是布什总统还是众议院和参议院都无权改变这一点，而新成立的办公室却提议这么做。只有通过持续、系统和反复的宣传，各州的人民才接受了这种公然违反美国宪法的行为。

宣传的鼓点仍在继续，有许多关于   "国土安全局局长"的背景和经验、他的工作等的文章，但对这个新部门的公然违宪却只字未提。你不会忘记，"国土安全"这个标题本身就是一个巧妙的宣传。人们现在相信，不仅**新机构符合**宪法，而且也是必要的。现在，广大人民群众已经成功地 "被控制了思想"（洗脑）。

那些希望研究这个问题而不是只看CBS**晚**间新闻的人，会发现独立评论员的叙述和媒体的叙述之间有很大的不同。像往常一样，这个人将是少数，所以他或她的观点，即使**表达出来，也不会改**变建立新机构的目的和意图。我告诉**你，美国**宪法和50个独立州的宪法禁止美国有任何中央联邦监督机制强加于它。国土安全
"法案是一个悲剧，因为它破坏了10
修正案中授予原始各州的共和制政府形式，这种形式是不

能被剥夺的。

因此，所谓的《国土安全法》是无效的，根本就不是一部法律。然而，被洗脑并因此被操纵的塔维斯托克的受害者会像遵守法律一样遵守它。

简而言之，国土安全局是一个骗局，不能被颁布为法律。任何违宪的措施都不能颁布，国会有迫切的责任立即废除非法引起国土法和爱国者法案的
"法律"。需要记住的主要一点是，宣传和大规模洗脑必须始终与它所要达到的目的联系起来考虑。在这种情况下，它使民**众相信必**须牺牲自由来换取
"保护"。有史以来最伟大的宪法学家亨利-克莱（Henry Clay）称这种伎俩是
"必要的学说，是地狱的学说"，并严厉谴责了这种企图。

H.V.迪克斯在塔维斯托克教书。他宣称，为了所有人的利益，必须牺牲个人的权利!这包括违反国家最高法律的措施!必须接受它，因为它是为了所有人的利益!伴随着罗斯福总统不顾一切地让美国通过日本参与正在进行的欧洲战争的宣传和洗脑，是对这一点的最好解释。

当预期的珍珠港袭击发生时（罗斯福知道袭击发生的日期和时间），他在塔维斯托克研究所为他撰写的演讲中宣布，美国人民将为最高和最崇高的事业而战，捍卫国家，捍卫自由，为国家的未来安全和福祉而战。如同这类案件中常见的那样，事实说明了一套非常不同的目标。

罗斯福并没有说，美国人民参战是为了推进国际社会主义，为了新世界秩序的目标--
在一个世界政府下建立国际共产主义。

美国人民被告知，德国打算奴役全世界。这是一个非常好的反驳，因为即使是受教育程度最低的人也知道，奴隶制是人类可以被要求承受的最糟糕的命运之一。通过引入
"奴隶制 "一词，我们触动了人们的心弦。

再一次，宣传与事实毫无关系。有思想的人，不容易受宣传的影响，会意识到，像德国这样的小国不可能奴役世界，即使它想这样做。资源和人力根本不存在。德国没有必要拥有庞大的海军舰队，使这种对美国的攻击成为现实的可能性。

战争的推动者从一开始就明白，保持势头需要持续的宣传攻势。副总统切尼在美国进攻伊拉克之前的几周内也遵循了同样的原则；他歪曲事实，传播一系列
"恐惧演说"，并**扭曲情**报信息以满足其目的。没有人比切尼更努力地工作，以**确保与伊拉克的**战争不会在最后一刻被避免。

对罗斯福来说，引起群众对   "问题
"的注意并使之为人所知是很重要的，因此报纸上有无休止的报道，电影院里反复播放的
"新闻片"，以及政治家们无休止的洗脑演说。

宣传应该以国家最低智力水平的人容易理解的媒介来呈现，比如军工厂、造船厂、飞机装配厂的工人都在 "后方 "为 "战争努力 "工作的海报，等等。

在世界贸易中心悲剧发生后，许多这类大众洗脑宣传又被恢**复了**："美国在战争中"、"前线"、"和弹药库"、"敌军阵地 "的字幕几乎出现在每个电视屏幕上。

美国没有参战，因为没有宣战，而且除了结构松散的游击队之外，没有任何敌方"部队"，这一事实当然被省略了。

字典将部队定义为
"一群士兵；一支军队，通常为复数"。塔利班没有军队，因此也没有部队。此外，不能对
"恐怖主义"、"布尔什维克主义   "或任何其他   "主义
"宣战。根据美国宪法，只能对主权国家宣战。

战争只能对一个国家或生活在这个国家的特定民族宣战。其他的都是塔维斯托克的胡言乱语，用挥舞的旗帜装饰的

盘子，并伴有武术音乐。说美国与塔利班交战是欺骗的最高境界。要处于战争状态，必须有事先的宣战。没有宣战，就是欺骗，其实根本就没有战争。

增加了一个新的层面。根据美国宪法，布什总统被剥夺了发动战争和立法的权力，他突然被赋予了美国宪法中不存在的权力。

他开始被称为
"总司令"，尽管他无权获得这一临时头衔，因为只有在全面宣战后才能由国会授予。这从未发生过。

他被神秘地 "宣布" 有权力给他选择的任何人贴上"敌方战斗人员
"的标签。美国宪法中不存在这种权力，也没有明确的暗示，但布什先生丝毫不担心：在他看来，从那一刻起，他就是法律。

因此，现任美国总统非法和违宪地夺取权力，从伍德罗-威尔逊'夺取'他根本无权拥有的十项额外权力开始，到罗斯福'夺取'三十项权力，再到布什夺取美国宪法所否认的三十五项（还在继续）权力。

事实上，在塔维斯托克研究所的专家指导下，美国已经成为一个无法无天的国家，该研究所通过
"国内调节和远程渗透
"对美国公众进行洗脑，使这一切成为可能。

让我顺便补充一下，在英国为控制南非的巨大金矿而发动的战争中，英国的宣传也使用了同样的谎言语言来对付南非的布尔人。英国媒体充满了关于 "布尔人军队
"的报道，而布尔人没有军队，只有农民和市民组成的游击队。

就像1913/1914年的德皇威廉二世一样，德兰士瓦共和国敬畏上帝的元老保罗-
克鲁格被英国媒体妖魔化为一个凶恶的暴君，残酷地镇压

黑人，这与事实毫无关系。

最终，通过在第一次世界大战和第二次世界大战中的一系列试验和错误，形成了一个公式，并在美国对阿富汗的攻击中被采纳和改编使用。这足以吸引大多数美国人的注意力，因为这是为他们的心理水平量身定做的。在两次世界大战中吸取的宣传艺术方面的经验教训被简单地从欧洲战场转移到美国的主流，后来又转移到伊拉克、塞尔维亚和阿富汗。

洗脑只限于精华部分，体现在简单的口号上，使用诺斯克里夫勋爵于1912年在伦敦威灵顿宫首次开发的定型公式的套话。英国人民不得不被教导说德国人民是'敌人'。一切糟**糕和残酷的事情都被**归咎于德国人，因此广大英国人民开始相信，德国人实际上是不择手段的残酷野蛮人。描绘"德国屠夫 "杀害比利时妇女和儿童的海报随处可见。

第十五章

媒体在宣传中的作用

由于媒体在宣传方面发挥了巨大的作用，也许值得看看它从**哪里开始**，以及**美国的媒体是如何形成的，几乎完全是**一个完全控制的宣传机构。第一次世界大战前夕是一系列典型的公**众人物被操**纵的事件，最严重的犯罪者是英国和美国的报纸。就像所有的战争一样，你必须把某个人妖魔化才能让公众参与进来。1913年，在那场可怕的战争之前、期间和之后，被妖魔化的是德国的德皇威廉二世。

这一时期的主要宣传创造者之一是诺斯克利夫勋爵，他是臭名昭著的新闻男爵，是罗斯柴尔德家族的亲戚，也是德国的敌人。诺斯克利夫把惠灵顿府作为一个主要的反德宣传中心来经营，并对维多利亚女王的表弟、来自威尼斯著名的黑圭尔夫王朝的威廉二世特别憎恨。

诺斯克利夫一有机会就欺负威廉二世，特别是当德皇谈到德国的军事力量和实力时。威廉很容易进行幼稚的吹嘘，大多数欧洲国家的政府都知道他是一个喜欢　　　"扮演士兵"的人，并且穿着装饰古怪的制服。威廉根本就不是一个军人。作为罗斯柴尔德家族的一员，这激怒了诺斯克里夫，他**开始**　　　　　　　　　　　　"警告"，德皇喜欢称之为"德国在**阳光下的地位**"，这对欧洲其他国家是一种危险。诺斯克里夫似乎并不在意这一断言没有任何根据，他将这一断言发挥到了极致，使人信以为真。

事实是，当时的德国并不是一个威胁，德皇也不是一个随时准备出击的强大战士，而是一个容易神经衰弱的人，五年内就有三次神经衰弱，还有一只几乎无用的枯萎的手臂，完全没有给人以武夫的形象。他最接近武人的地方是他对奢侈的制服的喜爱。事实上，威廉二世对德国军队几乎没有控制权，诺斯克里夫很清楚这一事实，但却选择了忽略。

在这一点上，德皇与英国君主乔治五世相提并论，后者对英国远征军没有控制权。这并没有阻止诺斯克利夫对维多利亚女王的德国表弟发起猛烈的攻击，指责他应对德军穿越比利时时犯下的一连串暴行负责。当然，德国最高统帅部入侵中立的比利时是个错误，但它只是在过境，并不打算占领这个国家。

这都是向巴黎进军的战术计划的一部分，即通过比利时的"捷径
"来包抄法军。故意杀害平民不会有什么好处，这是德国最高统帅部强调的一个事实。诺斯克里夫将德皇描述为一个"自大狂"，"渴望统治世界"，但无论如何，这都远远超出了欧洲全能的能力。1940年，丘吉尔指责希特勒也有"统治世界
"的愿望，尽管他知道这不是真的。丘吉尔还说希特勒是"一个疯子"，他知道自己对总理的定性是错误的。

但诺斯克里夫并没有被吓倒，他确保他的媒体不断将威廉二世称为"欧洲的疯狗"。

惠灵顿宫聘请了一位漫画家，他经常把威廉二世描绘成一只疯狂、贪婪的狗，一个类人生物。这些低劣的漫画被移植到书中，新闻界很快就给予它们绝对荒谬的地位。这些动画片的品味很差，执行起来更差。这本书就是英国人所说的"一便士的恐怖"。

诺斯克里夫展示了媒体的力量，让媒体对该书给予了好评。首相阿斯奎斯勋爵被说服为这一实质上是一场绝对的闹剧写了一篇序言。威尔逊总统邀请这位"艺术家"，一个叫雷梅克的荷兰人，在他到美国巡回售书

时到白宫。不出所料，威尔逊赞扬了这位漫画家，并对这本书表示祝福。

甚至连具有传奇色彩的《Punch》杂志也加入了这场运动，以**最糟糕的方式描**绘威廉的形象。似乎没有一家报纸逃脱了刊登从惠**灵**顿宫涌出的诽谤洪流的义务。这是最残酷的宣传形式。

不久之后，这种影响在人民身上发酵，他们开始坚持要把德皇
"绞死"，一位部长甚至说，他愿意原谅德国，条件是所有德国人都被枪毙。好莱坞很快就加入了谴责德皇的行动，它对德皇一无所知。首先是电影《我在德国的四年》，改编自美国驻柏林大使詹姆斯-W-
杰拉德的书。这部影片是作为德皇的战争准备工作的真实记录而呈现的。威尔海姆被赋予了一个偏执的六岁孩子的智商，被描绘成一个骑着草泥马的人。对他的残疾的嘲讽性描述**重复了数百次。**

最糟糕的是好莱坞版本的故事，名为《柏林的野兽》，其中描述了德皇对被屠杀的比利时平民幸灾乐祸，对被鱼雷击中的船只大笑的情景。这些都不是真的，但这个版本达到了它的目的，产生了对德国人和所有德国事物的激烈仇恨，并以**惊人的速度**传播到美国。

这是有史以来最糟糕的宣传的基础，它被英国政府无情地执行，不仅在国内，而且在最重要的地方，在美国。惠灵顿府指望美国在战场上击败德国。

在20世纪90年代末，广大美国人民对塔利班和伊拉克总统侯赛因相信同样的事情只是时间问题，而塔利班与伊拉克总统没有任何关系。(事实上，他们互相憎恨）。

根本问题："整个塔利班，以及与塔利班分**开的阿富汗人民**，是否应对世贸中心的卑劣爆炸事件负责？"塔利班真的存在吗？或者说奥萨马-本-
拉登只是**另一个德皇威廉二世？也**许在五十年后，我们就

能发现真相。同时，塔维斯托克研究所将宣传牌打到了极致，并再次取得了成功。

战争结束后，德皇威廉二世的神话依然存在。事实上，在战前和战时将他妖魔化的同一宣传机器直到1959年7月13日才有所收敛，这一天是德皇威廉二世的100岁生日，英国广播公司以纪录片的形式庆祝了这位备受诋毁的前德国领导人。

他解释了英国人是如何被德皇用剑砍掉比利时儿童的手臂的令人毛骨悚然的故事所**吓倒的，而德国士兵的**队伍在他们经过的比利时村庄里强奸妇女，这些都与事实没有丝毫的相似之处。

即使是英国议会中聪明的议员也被诺斯克里夫和他的团队（包括美国人李普曼和伯纳斯）掀起的无情的仇恨风暴所吸引。然而，尽管很好，BBC的纪录片没有努力解释一个畸形的德皇威廉的神话如何能突然出现，成为头条？

同样，没有人向我满意地解释奥萨马-本-拉登是如何突然出现在现场的，以及他是如何在令人惊讶的短时间内成为凯撒式的大反派。这是怎么发生的呢？

一个历史事实是，威尔逊总统在众议院匆匆通过建立联邦储备银行的法案，正好赶上第一次世界大战的爆发。如果没有随意印制的纸币，战争是否会发生就很值得怀疑了。

凯撒怎么会突然从成千上万的报纸、杂志和广告牌上盯着的**卡通人物中活**过来呢？我们现在知道，他是英国陆军部庞大的宣传机器的产物，该机器至今仍是秘密的。这台机器今天仍然和1913年时一样秘密，即使我们中的一些人已经设法撕掉了它的一些遮羞布。

我们的研究表明，塔维斯托克研究所是一些有史以来最怪异的谎言的发源地，这些谎言被制造出来，并作为真理呈现给呆若木鸡和无知的公众，他们是这些特别聪明的精神控制者的受害者。

第十六章

科学宣传可以欺骗选民

当今世界上绝大多数人肯定都听说过 "柏林野兽",以及"盟国"如何阻止它在欧洲的释放。近来,大多数人也听说过"巴格**达之兽**"。

但有多少人听说过哈罗德-尼科尔森爵士的名字,他是一位杰出的学者,在1912年至1925年期间对数十万份文件进行了彻底的研究,绝对是为德皇威廉二世**开脱了第一次世界大**战的责任。

有多少人知道这个?让他们接受测试。试试你当地的谈话节目,看看会发生什么。因此,二十五年来,德皇的神话一直占据着头条新闻,并产生了使英国和美国数百万人反对德国的效果,这是巨大的宣传机器的不公平和不幸的后果,自1913年**开放以来,它一直扼住英国人民的喉**咙。我们说的是惠灵顿之家和它的继任者,塔维斯托克人际关系研究所。

这个神话的神奇之处在于它的长寿。但是,宣传的目的正是为了延续一个神话、一个谎言或一个错误的信息,在真相被遗忘后仍能长期存在。日本将永远被指责为珍珠港和"南京强奸案",而丘吉尔将永远被誉为一个伟人,而不是一个残暴的战争贩子。

同样,科林-鲍威尔最近访问了伊拉克,并发表了关于侯赛因在伊拉克-

伊朗战争期间 "毒杀库尔德人 "的头条新闻。

事实是，落在库尔德村庄的充满气体的导弹是光气，这是一种伊拉克不拥有的产品，但在伊朗的武器库中。当时的情况是，在伊拉克的一次进攻中，伊朗人向伊拉克阵地发射了大量充满气体的火箭弹，但有些火箭弹落在了边境的库尔德人身上。这一点得到了美国军事战争学院报告的证实，该报告完全为伊拉克开脱罪责。

然而，尽管这一指控被仔细驳斥，但在2005年，几乎30年后，代表乔治-布什总统的凯伦-休斯在对马来西亚的友好访问中重复了这一谎言，并对其进行了美化，声称 "3万名库尔德人 "被 "萨达姆-侯赛因"毒死了。一名公众对她的声明提出质疑，第二天休斯被迫收回声明，声称她
"说错了话"。对这一事件的调查显示，休斯实际上相信了她听到的布什总统、布莱尔首相、国务卿科林-鲍威尔和国防部长唐纳德-拉姆斯菲尔德一遍又一遍的谎言，这应该告诉我们很多关于宣传的力量。

战争学院的报告后来被美国军方和第二个美国消息来源证实。全世界都知道吗？我们对此表示怀疑。真相被遗忘，而谎言却在继续。因此，科林-鲍威尔对伊拉克的宣传将沿袭对德皇威廉二世的宣传，一遍又一遍地进行了100多年，而真相却在报纸上出现第一个宣传爆炸的那一刻就死了。这就是宣传的价值所在。塔维斯托克的社会科学家们知道这一点，今天他们可以对任何受众进行剖析，让他们接受最适合他们认知的谎言，而不去理解背后的问题。

这样一来，就形成了一种 "道德上正确"的立场和对进攻阿富汗的有力支持。很少有美国人民对他们的政府在阿富汗的所作所为是否符合美国宪法提出怀疑。没有全民投票或授权来确认或否定人民对布什政府的阿富汗政策的接受。

宣传和洗脑不需要授权。据称对双子塔使用的飞机的劫持者没有一个来自阿富汗，但美国公**众完全没有注意到**这一事实，74%的人仍然相信是 "基地组织"干的，而且他们住在阿富汗。同样比例的美国人已经被洗脑，相信塔利班和侯赛因总统共同促成了这场悲剧的发生！美国人民不知道，萨达姆-
侯赛因不会与塔利班领导人有任何关系。

为什么美国人民允许自己被这样对待？为什么他们允许政客们撒谎、欺骗、勾结、传播、推诿、混淆和不断地欺骗他们？我们应该好好纪念的是伍德罗-
威尔逊对待美国人民的方式，就像对待绵羊一样。

当被问及为什么在白宫的草坪上放养一小群羊时，威尔逊回答说，"它们让我想起了美国人民"。威尔逊有一个强烈的野心，要让美国陷入第一次世界大战，他利用惠灵顿宫的谎言（宣传）来对付持异议者（大部分人），说服他们改变观点。

罗斯福重复了这一伎俩，通过谎言和宣传（大多是同一件事）使美国加入第二次世界大战，最终以珍珠港的 "成功"而告终。我们看到克林顿总统使用了同样的说法。在对塞尔维亚进行不公正的战争之前和期间，克林顿的所有劝说都是由谎言和虚假信息组成的。

拉姆斯菲尔德的声明总是受到怀疑，这并不奇怪。在被问及宣传所起的作用时，拉姆斯菲尔德淡淡地回答说："政府官员、国防部、这位国防部长和与我一起工作的人都在告诉美国人民事实。"

第十七章

宣传和心理战

一份美国政府文件的清单，有些是免费提供的，有些则不是，生动地揭示了世界各国（包括美国）通过行使广泛的宣传方法，在各个层面上运作，已经变得多么受控。

由于材料浩瀚，我最多只能提到标题和转述内容。我希望我们收集到的信息能够唤醒美国人民的冷漠，让他们意识到他们离成为社会主义新世界秩序下的一个世界政府的奴隶有多远。

官方定义：华盛顿权力机构使用的术语和定义的有用集合。这里列出的所有方案，无一例外都是由塔维斯托克公司诞生和设计的。

社会科学和政策干预：以项目为基础的　　　　"发展援助"实际上可能是对南方文化和社会关系的危险操纵。

由于　　　　　　　　　　　　　　　　　　"援助"者享有巨大的金钱优势，他们往往能够对目标群体进行深入的社会心理研究，并以大多数人不会想到的方式对他们进行剥削，即使是在他们最糟糕的噩梦里。

这是约翰-罗林斯-里斯在塔维斯托克所教的一切的典型例子，已经被带入美国生活的各个方面。

震慑：实现快速统治--
这是1996年国防大学的教材，成为美国干预中东和2003年3月和4月对伊拉克发动战争的理论依据。根据文本，"震慑

"旨在成为1945年轰炸广岛和长崎的 "非核对等"。

根据这一可怕的悲剧的研究指南，现在有明确的记录。

> "这些武器的影响足以使普通日本公民的心态和领导人的视野都转变为震惊和恐惧的状态。日本人根本无法理解一架飞机的破坏力。这种不了解造成了一种持久的恐惧状态"。

除了为心理目的使用大规模火力外，该出版物还包括对宣传行动的深入讨论。

> "实现这种支配的主要机制是对对手施加足够的'震慑'条件，说服或胁迫他接受我们的战略目标和军事目标，"作者说。"显然，这需要使用欺骗、迷惑、误导和虚假信息，也许是大量的。"

战斗中的心理战：这是华盛顿国防大学1996年发表的臭名昭著的 "震慑"学说的全文。这个概念是要完全控制对手的意志以及目标人群的看法和理解，实际上是使敌人无力行动或反应。

应该指出的是，所有这些词语和描述都出现在用于调节参加英国陆军心理战局约翰-
罗林斯课程的学生的教科书中，罗林斯是一位理论大师。

震慑
"理论被描述为一种战略，在适当的时候通过消耗来系统地摧毁军事能力，并使用压倒性的武力来瘫痪、震慑并最终在道义上摧毁对手。

国际人口与发展会议（ICPD）：会议上提出的一项行动方案要求进行大规模的宣传，利用大众传媒、非政府组织、商业娱乐和学术机构来 "说服"发展中国家的人们改变其生育偏好。

考虑到发展中国家的代表，对原始文本进行了修订，敦促 "以提高认识或促进特定生活方式为目的 "的捐助方传播活动应加以标注，以便公众了解其目的，并且 "应适当表明赞助者的身份。

尽管这项建议没有对援助国施加强制性限制，但文件中的"交流
"部分仍然是新世界秩序议程中非常危险和具有政治爆炸性的部分。

人口交流项目：美国国际开发署（USAID）为 "**大众媒体**"影响活动投入了数千万美元，该活动采用了从军事心理战制剂中借用的战术。美国国际开发署只是与塔维斯托克签约编写方案的数百个美国政府机构中的一个。

事实上，在本案中担任美国国际开发署代理的承包商也与美国军方签订了合同，负责编写心理行动的教学手册。

**进入-
教育：将娱乐作为宣传手段**：与其他可能引起人们对外国思想合法性质疑的传播方式相比，年轻受众可能更容易受到 "娱乐 "背景下的信息影响。

因此，娱乐宣传方式已经成为美国国际开发署国际人口控制工作的一个巨大部分。同样，数以百万计的美元流向了塔维斯托克，用于由 "企业教育 "经营者教授的课程。

当宣传工作适得其反时。1994年对尼日利亚北部计划生育态度和行为的研究。根据一份公布的报告，负面反应说明了

> "反对外国的不当行为，反对一般的计划生育，特别是反对美国赞助的计划生育方案"。

尼日利亚的双边人口计划：（美国国务院文件）。美国政府对尼日利亚人口控制战略的主要规划文件。

在美国政府破坏拉丁美洲政治运动、反战努力、运动和基层政治组织的计划中，它也被用作心理战的重要宣传元素。编写这一方案的合同被授予塔维斯托克公司。

后现代战争：**关于政治**/心理战争、秘密活动和种族灭绝的资源菜单。

城市去中心化和其他策略：这份文件的内容非常邪恶，我不打算发表，至少暂时不发表。

社会影响：宣传和劝说：--一些有用的背景资料。

游击战中的心理作战：中情局为中美洲准军事部队编写的战术手册，由塔维斯托克公司编写。中情局与塔维斯托克签订了合同，并与他密切合作。

宣传分析研究所：一个包含有**关秘密影响活**动基本事实的文件集。同样，该研究所只是塔维斯托克数据和洗脑方法的交换所，将其用于大众。

美国情报局：参与情报收集或分析的美国政府办公室的官方描述和职能。

政府的秘密指示。倡导政府向私营部门行为者开放的文件集。

新闻集体：**关于国际机构及其作为控制其政策的富国和强国幌子的作用的可靠研究材料来源。**塔维斯托克的社会科学家们为这些机构的许多领导人授课。

宣传，为诱导或强化特定态度和行动而传播思想和信息：由于宣传往往伴随着对事实的歪曲以及对情感和偏见的诉求，人们往往认为它必然是虚假或误导的。正如塔维斯托克手册所指出的，**关**键的区别在于宣传者的意图是说服受**众采取他或她所主张的态度或行动。**威尔逊和罗斯福就是这个不言而喻的例子，他们两人都接受过布坎宁在1814年所定义的欺骗性外交艺术的训练。

第十八章

威尔逊通过宣传将美国带入第一次世界大战

已成为美国和英国政府特别熟悉的现代大众宣传技术始于第一次世界大战（1914-1918）。从战争一开始，德国和英国的宣传人员就努力争取美国人的同情和支持。德国的宣传人员呼吁许多有德国血统的美国人，以及那些生活在美国的传统上敌视英国的爱尔兰人。以今天的标准来看，这些宣传相当粗糙，但其缺乏的技巧被惠**灵**顿宫的大量产出所抵消。

然而，很快，德国几乎被切断了与美国的直接联系。此后，英国的宣传在美国几乎没有竞争，而且比德国人的宣传更加娴熟，他们没有相当于威灵顿府、伯纳斯或李普曼的宣传。

一旦致力于战争，伍德罗-威尔逊就组织了公共信息委员会，一个官方宣传机构，以动员美国公众舆论。这个委员会非常成功，特别是在销售自由债券方面。这也难怪。它的节目是由塔维斯托克为白宫编写的，主要由伦敦方面指导。

盟国对伍德罗-威尔逊总统的十四点建议进行了利用，这些建议似乎为胜利者和被征服者承诺了公正的和平，这在很大程度上固化了中央国家对继续战争的反对。

在本书的其他部分，我们已经详细介绍了布莱斯委员会的谎言和歪曲，这仍然是公然的谎言伪装成真相的最令人不安的例子之一。本文后面还解释了美国人在惠灵顿宫扮演的角色，惠灵顿宫是当时世界领先的宣传中心。

第二次世界大战的宣传方面与第一次世界大战相似，只是第二次世界大战也是由英国发动，由国际银行家资助，规模更大。广播电台发挥了重要作用，"新闻节目"始终是事实和虚构的混合物。国外的宣传活动甚至更加激烈。塔维斯托克研究所能够应用它在1914-1919年学到的所有宝贵经验，并在新老国家以许多新的方式利用其经验。

德国和英国再次寻求影响美国的意见。德国宣传人员利用反英情绪，把战争说成是对共产主义的斗争，把德国描绘成新一轮反共主义的不可战胜的冠军。德国特工还支持美国境内支持 "孤立主义"的运动，这是一个对所有反对与德国开战的美国人的描述性标签。

德国的宣传努力比不上威灵顿府和塔维斯托克的专业知识，也比不上英国的资源（得到了罗斯福政府巨额资金的秘密援助），而且再次证明是无效的。

罗斯福、史汀生和诺克斯在实际袭击前几个月就已经知道了精心策划的对珍珠港的袭击。

1941年12月的这个噱头对罗斯福来说是个福音，他拼命想迫使美国站在英国一边参战，因为日本人一袭击珍珠港；美国人民就被宣传和公然的谎言说服了，认为德国是侵略者。

著名飞行员林德伯格和其他一些反战参议员发出的可怕警告，即罗斯福是不可信任的，正如在第一次世界大战中一样，美国没有资格干涉德国的战争，但这些警告被宣传所扼杀。此外，珍珠港的 "人为状况"改变了公众舆论，正如罗斯福知道的那样。来自塔维斯托克的盟军宣传工作旨在将轴心国的人民与他们的政府分开，他们被认为对战争负有全部责任。电台广播和无数的空中传单向敌人进行了盟军的宣传。

二战期间，美国的官方宣传机构是战争信息办公室（OWI），负责在国内外传播塔维斯托克的"信息"，以及战略事务办公室（OSS），即中央情报局的前身和塔维斯托克的创造，负责对敌人发动心理战。

在欧洲战区的最高总部，OWI和OSS由塔维斯托克研究所的社会科学家领导的心理战部门与军事活动协调。

在冷战时代--二战后美国和苏联之间利益的尖锐冲突--宣传仍然是国家政策的一个重要工具。

民主国家集团和共产主义国家集团都试图通过持续的运动，将广大未加入的人民群**众争取到他**们的事业中，从而在不诉诸武装冲突的情况下实现他们的目标。国家生活和政治的所有方面都被利用来进行宣传。

冷战的另一个特点是利用叛逃者、审判和供词来达到宣传目的。在这场信息战争中，共产主义国家最初似乎有明显的优势。由于他们的政府控制了所有的媒体，他们可以在很大程度上使其人民免受西方宣传的影响。

同时，高度集中的政府可以策划精心的宣传活动，并调动资源来实施其计划。他们还可以指望得到其他国家的共产党和同情者的**帮助。另一方面，民主国家既不能阻止其人**民接触到共产主义宣传，也不能调动所有资源来反击。共产主义政府的这种明显优势在20世纪80年代随着通信技术的进步而被削弱。无法控制信息的传播是东欧许多共产主义政权在本十年末解体的一个主要因素。美国新闻署（USIA）成立于1953年，负责在国外开展宣传和文化活动，经营"美国之音"，这是一个无线电网络，用40多**种**语言向世界所有地区播放有**关美国的新**闻和信息。

第十九章

历史是否在重演？
布莱斯勋爵的案件

当历史学家大量参与捍卫或谴责伊拉克战争时，也许是时候反思詹姆斯-
布莱斯子爵了，这位备受尊敬的历史学家出卖了自己，作为一个已被证实的、卑鄙的、不知悔改的骗子而载入史册。在他不幸卷入惠**灵**顿府之前，布莱斯作为一个诚实的历史学家享有**极大的尊重。**

从第一次世界大战开始，关于德国暴行的故事就充斥着英国和美国的报纸。其中绝大部分是在惠灵顿宫准备的，并由媒体传播。大多数时候，它们应该是来自
"目击者"、"记者和摄影师
"的描述，他们伴随着德军在前往巴黎的途中穿过比利时，绕过法国防线。

目击者描述了德国步兵在比利时婴儿唱着战歌走过时用刺刀刺杀他们的情景。比利时男孩和女孩被截去双手的故事比比皆是（据说是为了防止他们使用枪支）。妇女被切除乳房的故事增长得更快。

强奸的故事在暴行榜上名列前茅。一位目击者称，德国人在一个被占领的比利时小镇上把20名年轻妇女从家里带出来，放在村里广场的桌子上，每个人都被至少12名'匈奴人'强奸，而其他师的人则在旁边观看并鼓掌。在英国人的资助下，一群比利时人在美国巡回演出，讲述这些故事。

伍德罗-
威尔逊总统在白宫庄严地接待了他们。他们的故事让美国人感到震惊。**没有人想到要核**实他们对自己所目睹的强奸行为的叙述。他们对自己所遭受的暴行的叙述从未受到质疑。

德国人愤怒地否认了这些故事。德国军队中的美国记者也是如此。1914年，威尔逊还没有'管理'过战场上的记者，与2002年入侵伊拉克的乔治-布什不同。英国军队中没有"嵌入式
"记者。塔维斯托克还没有学会如何通过将选定的记者'嵌入'部队来审查真相。

当英国记者开始在英国出现质疑　　　　　　　　"暴行
"的派遣信时，诺斯克里夫想出了任命布莱斯勋爵领导一个调查委员会，审查德国暴行的故事并向他报告。事实上，这个建议来自于爱德华-伯纳斯，并得到了沃尔特-
李普曼的认可。

然后，在1915年初，英国政府正式要求布莱斯子爵领导一个皇家委员会来调查暴行报告。布莱斯是当时最知名的历史学家之一，他曾写过关于美国政府和爱尔兰历史的高度评价的书籍，同情地描述了英国统治下爱尔兰人民的严酷命**运**。1907年，他与一位英爱外交官罗杰-
卡西门特合作，揭露了英国橡胶公司对亚马逊地区印第安人的可怕剥削。

从1907年到1913年，他曾担任英国驻华盛顿大使，在那里他成为一个受欢迎，甚至被崇拜的人物。

很难找到一个更令人钦佩的学者，他在诚实和正直方面有着良好的声誉。布莱斯和他的六位同僚，由杰出的律师、历史学家和法学家组成，"分析　　　"了1200**份**　　　"目击者
"陈述，这些陈述声称看到了德国的各种残暴行为。

几乎所有的证词都来自英国的比利时难民；还有一些在法国收集的比利时和英国士兵的陈述。但委员们没有采访这

些直接证人中的任何一个；这项任务交给了
"具有法律知识和经验的先生们"--
律师。由于被指控的罪行发生在仍是战区的地方，因此没
有对现有报告进行现场调查。

没有一个证人被指名道姓；专员们说，在比利时人的案件
中，这样做的理由是担心德国人对他们的亲属进行报复。
但英国士兵的证人同样保持匿名，没有任何明显的理由。
然而，布莱斯在他的介绍中声称，他和他的同僚们对证据
进行了   "严格
"的检验。没有人怀疑，军事证人根本不需要接受
"测试"，更不用说严格的测试。对于这样一个严重的错误
，从来没有给出任何理由，而且塔维斯托克后来称其为不
是谎言，而是 "虚假陈述"。

布莱斯报告》于1915年5月13日发表。位于白金汉宫附近惠
灵顿宫的英国宣传总部确保将其发送给美国的几乎所有报
纸。正如《*纽约时报*》的标题和副标题所表明的那样，其
影响是惊人的。

> *根据布莱斯委员会，德国的暴行已被证实*
>
> *不仅是个人犯罪，而且在比利时发生了有预谋的屠杀行为*
>
> *老少残缺*
>
> *妇女被袭击，儿童被残杀，系统性的焚烧和掠夺。*
>
> *经主席团批准*
>
> *红十字会和白旗会的无理枪击：囚犯和伤员被枪杀*
>
> *被用作盾牌的平民。*

1915年5月27日，**惠灵**顿宫在美国的特工向伦敦报告了他们
大规模宣传活动的结果。

> "即使在敌视盟国的报纸上，也没有丝毫试图质疑所称事实
> 的准**确性。布莱斯**勋爵在美国的声望让人无法怀疑"。

惠灵顿之家的负责人查尔斯-马斯特曼告诉布莱斯。

"你的报告已经席卷了美国。"

布莱斯报告的少数批评者之一是罗杰-
卡森特爵士。卡西门特在一篇愤怒的文章《*谎言的可怕力量*》中写道："人们只需要求助于历史学家詹姆斯-
布莱斯，就可以谴责游击队员布莱斯勋爵，"。

此时，卡西门特已经成为爱尔兰独立的坚定支持者，所以很少有人**关注他的不同**立场，他的立场被认为是有偏见的。

克拉伦斯-达罗(Clarence
Darrow)是**另一位**怀疑论者，他是著名的标志性美国律师，专门为明显有罪的客户开脱罪名。他在1915年底前往法国和比利时，徒劳地寻找能够证实布莱斯哪怕一个故事的目击者。达罗越来越怀疑，他宣布他将支付1000美元--
这在1915年是一个非常大的数目--今天超过17,000美元--
给任何能够提供被德国士兵截去双手的比利时或法国男孩或被德国军队用刺刀刺死的男女独生子女的人。

尽管**达**罗自己花了相当多的钱广泛宣传，但从来没有人响应，没有一个 "受害者 "前来领赏。

战后，试图检查与布莱斯的故事有关的文件的历史学家得知，这些文件已经神秘地消失了。没有任何政府官员或部门提出要对 "失踪 "的文件进行搜索。

这种公然拒绝让　　　　　　　　　　　　　"经过严格检验
"的文件接受新的、完全公正的检验，导致大多数历史学家将布莱斯99%的暴行视为捏造的。一位历史学家说，这份报告
"本身就是战争中最严重的暴行之一"。最近的研究对布赖斯报告的捏造比例进行了下调，因为已经发现有几千名比利时平民，包括妇女和儿童，显然在1914年夏天被德国人射杀，布赖斯或多或少准确地总结了一些最严重的过度行为，如在迪南镇的处决。

但即使是当时的这些专家也承认，布莱斯的报告被强奸、截肢和穿孔的婴儿所
"严重污染"。他们将这一严重错误归咎于战争的歇斯底里和愤怒。

这相当于给布莱斯一个通行证。批评者对达罗的报告所做的更正数量不到百分之一，并没有为布莱斯洗白。正如当时所指出的，布莱斯委员会的报告99%都是谎言。布莱斯委员会成员之间的通信在文件　　　　　　　　　　"消失"后得以幸存；它揭示了对残害和强奸的说法的严重怀疑。这些严重的疑虑从未像惠灵顿宫的暴行报告那样在英国和美国传播过。委员会的一名秘书承认，他收到了许多据称因德国人强奸而怀孕的比利时妇女的英文地址，但尽管进行了深入的研究，他还是无法在名单上找到任何一个人。

甚至连一名国会议员窝藏两名孕妇的高调故事也被发现是假的。布莱斯显然对这一负面证据不屑一顾，正如布什和布莱尔在少数情况下，当一些记者尽职尽责，提出令人尴尬的问题时，他们一再这样做。

学者布莱斯勋爵应该知道--而且几乎肯定知道--关于被刺死的婴儿、强奸和被谋杀妇女的乳房被割掉的故事是典型的　　　　　　　　　　"仇敌"寓言，可以追溯到几百年前，就像田野和公共广场上的轮奸一样。

即使对拿破仑在欧洲的战役进行粗略的检查，也会发现数百起这样的 "暴行"，其中极小部分已被证明是真实的。

布莱斯，这位博学的、广受信任的、以诚实著称的历史学家，本应断然拒绝这种捏造。他当然知道绝大多数的 "暴行"故事都来自惠灵顿学院（塔维斯托克学院的前身）。布莱斯没有检查它们的来源，也没有把它们当作宣传品来驳回，而是把它们都归纳到一份被称为事实的'报告'中，然后对德国军队和人民进行了全面谴责。这让人联想到G.W.布什和他的总体分类，即几个穆斯林国家的全部人口属于

"邪恶轴心"。

布莱斯为什么不否定这些捏造的事实，而集中讨论德国对平民的处决？正如我们所说，他知道大多数 "事件"都是惠灵顿府的产物；如果他这样做，就会打开一个非常敏感的话题，即英国政府对宣传的广泛使用。

布莱斯选择放弃一条光荣的道路，而不是玷污自己的名声，有一个重要的原因：1914/15年的比利时军队中有很大一部分是

"本土卫队"，他们除了在衬衫或帽子上别上一个徽章外，不穿制服。德国人**拼命想在俄**军入侵他们在东部勉强守住的防线之前赢得西部的战争，对这些看似平民的战士感到气愤，对他们毫不留情。

根据当时适用的《日内瓦公约》的战争规则，德军有权向平民还击，甚至是主动还击，这一事实在媒体上从未提及。

事实是，在1915年，直到1945年，"游击队"都是容易的猎物。平民，即使帽子上别着徽章，也不允许向穿制服的士兵**开**枪，他们也无权获得保护。是的，日内瓦公约中的战争规则就是这么说的，布莱斯勋爵和他的专员们也知道这一点。这一重要事实也没有以成功俘获英美人民心智的宣传方式在英美各地大肆宣扬。

一些德国战地指挥官显然失去了理智，对整个城镇进行了过度的报复，例如迪南特。

但可以组织某种防御，即使是对这些人而言。随之而来的**关于**《日内瓦公约》所允许的内容的辩论，会让报纸读者打哈欠。他们想要的是布莱斯给他们的东西--血和欲望、强奸和德国

"野兽"（"波切"）对妇女和儿童以及 "手无寸铁的平民"犯下的恐怖行为。他们想证明德国 "匈奴"是野蛮人，是野蛮的野兽。而如果公众没有被欺骗，惠灵顿宫以及英国政府的战争努力就会陷入巨大的困境。

布莱斯报告》无疑有助于英国赢得战争。它无疑影响了美国的公**众**舆论，使数百万美国人和其他中立者相信--
它被翻译成27**种**语言--
德国人是人形的可怕野兽。除了罗杰-
卡西门特爵士和克拉伦斯-**达**罗等少数 "有偏见"的局外人，没有人对布莱斯勋爵在全世界散布的恶毒谎言进行指责。任何公正的人都不会原谅布莱斯以这种方式向自己妥协。

在这段时间里，惠灵顿宫一直处于背景地位--
很少有人知道它的存在--
更不用说它的重要作用了，但它做了重要的工作，完善了洗脑的技术。至于布莱斯，他带着皇室和学术界的荣誉进了坟墓，他是一个一流的骗子，一个双手沾满数百万人鲜血的自我抹黑者，一个杰出的恶棍，一个从有权了解真相的公**众那里**偷走真相的小偷，而且他设法逃脱了侦查和曝光，以及普遍给予加略人犹大的彻底谴责。

有了一百年的后见之明，我们应该对这个人采取更严厉的看法。布莱斯报告与英国决定在1918年停战后对德国维持七个月的封锁有明显的联系，造成约60万德国老人和年轻人饿死，作为削弱德国的计划的一部分，使其不再成为"盟国 "的 "威胁"。

惠灵顿府对德军的宣传谎言是迄今为止第一次世界大战中最大的暴行，让每个德国人都有了复仇的欲望。通过制造对德国的盲目仇恨，布莱斯播下了第二次世界大战的龙牙。

第二十章

成功说谎的艺术。
1991年的海湾战争

在这种情况下，我们在1991年左右的海湾战争中看到的情况足以让人不寒而栗，有力地提醒我们布莱斯勋爵撒谎的黑暗艺术的起源，以及他已经成为一个先天的、有意识的说谎者。它还提醒我们，惠灵顿府和后来的塔维斯托克如何明**确地封存了**将洗脑作为战争工具的做法。这是我决定写这本书并揭露塔维斯托克及其破坏性和完全邪恶的影响的决定性因素之一。

在海湾战争期间，美国国防部将所有媒体拒之门外，并任命了自己的发言人，他通过电视广播对事件进行了严重的误导。我给这家伙起了个绰号
"五角大楼皮特"，他轻描淡写地谈起了
"附带损害"，这是第一次使用塔维斯托克的一个新词。公**众花了很**长时间才明白这意味着什么：人员损失、人员死亡和财产破坏。

然后我们有一个休息时间，CNN被允许进来报道爱国者导弹防御系统成功击落伊拉克飞毛腿导弹的情况，结果发现这又是一次基本的宣传活动。据CNN报道，每天晚上至少有一枚攻击以色列的飞毛腿被击落。只有《世界回顾》在战争中报道，没有一枚飞毛腿导弹被击落。没有人敢报告总共有15枚飞毛腿导弹击中了特拉维夫和以色列的其他地区。虚假信息和错误信息盛行。只有WIR报道了真相，但由于读者少，对宣传者来说并不重要。

然后是华盛顿最大的公关公司之一希尔顿和诺尔斯对美国人民实施的巨大欺诈。

同样，只有WIR透露，伊拉克士兵将科威特新生儿从保温箱中**扯出来扔在地上的情**节是一个严重的谎言。值得注意的是，与本顿和鲍尔斯一样，希尔顿和诺尔斯与塔维斯托克研究所有着长期的联系。这两家公司都是领先的 "广告"机**构**。

希尔顿和诺尔斯的说法，由一位
"目击者"（恰好是科威特萨巴赫家族驻华盛顿大使的十几岁的女儿）含泪讲述，就是影响了参议院违反美国宪法，"允许
"老布什进攻伊拉克，尽管美国宪法中没有这样的规定。尽管老布什可能会说，"我不知道，我没有雇用希尔顿和诺尔斯"，但他显然对针对美国人民发动的关键宣传政变了如指掌。没有人会相信，他没有认出他以前见过的科威特大使的16岁女儿。

科威特大使向希尔顿和诺尔斯支付了60万美元，以便在参议院面前上演这场精心策划的骗局，为此他本应因向参议院委员会撒谎而被逮捕。令人气愤的是，这个女孩也没有因为她的角色而受到惩罚，她含泪讲述了她的经历："我看到伊拉克士兵把新生儿从保温箱里**扯出来，扔在地上，**"**她**哭着说。

事实是，成田-
萨巴赫已经多年没有踏足科威特，当然也没有在战争期间踏足！**她和她的父**亲在华盛顿特区，在华盛顿的大使官邸。然而，这个孩子和她的父亲却没有被起诉。这就是塔维斯托克的宣传专家所称的 "事件的成功重演"。纳里塔-萨巴赫的证词成为美国巨大的媒体宣传的核心，众所周知，它不仅影响了参议院，而且使美国人民站在了反对伊拉克战争的一边。

老布什**沉溺于一个古老的宣**传，他告诉世界，"萨达姆

"必须从伊拉克除掉，"以使中东更安全"。(记得威尔逊为了"使世界对民主安全

"而派美国军队在法国牺牲）。老布什突然开始诋毁和妖魔化伊拉克总统，为他的石油卡特尔朋友的利益服务，就像1913年的凯撒一样，它起了作用。

很少有人记得威尔逊的伎俩，否则他们可能会注意到布什总统说的话、布莱斯对威尔逊说的话以及威尔逊对美国人民说的话之间惊人的相似性，以支持第一次世界大战。现在，侯赛因几乎被遗忘了，他可能构成的任何威胁都被当作一派胡言驳回了，我们要担心的突然是 "基地 "组织。

当伍德罗-威尔逊告诉不情愿的美国人民，战争将"使世界对民主安全

"时，他使用了赤裸裸的宣传。布什也参与了同样的赤裸裸的欺骗行为。使世界 "对民主安全"的代价令人震惊。**根据威廉-**

兰格教授的说法，第一次世界大战的已知死亡人数为1000万士兵，包括男人和女人，以及2000万伤员。仅俄罗斯就损失了900万人，即其军队的75%。以美元计算的战争总成本估计为1.8亿美元，还必须加上151612.5万美元的间接成本。

第二十一章

士兵纪念馆和第一次世界大战的公墓

2005年年中，布什的伊拉克战争成本约为4200亿美元，而布什家族希望为他们名声不佳的企业获得更多资金。了解美国人民和他们在立法机构中无能、无力但无用的代表，布什会得到他想要的东西。

第一次世界大战的美元成本数字根本无法说明威尔逊这个侵略者给美国带来的痛苦和折磨。我们在此插入最近的一篇文章，这篇文章对那场噩梦般的战争中可怕的生命损失作了个人化的、令人感伤的描述。

> "几周前，我和家人一起参观了位于圣路易斯市中心的士兵纪念博物馆。这是一座巨大的、令人印象深刻的建筑，1936年由罗斯福总统为纪念在第一次世界大战中牺牲的1075名**圣路易斯人而献上**。纪念馆非常漂亮，全是马赛克和大理石，还有水磨石地板和贝德福德石雕。它的中心是巨大的黑色花岗岩墓碑，上面写着数百名死者的名字，整齐地排列着。"

> "我们访问这个非凡但又闹鬼的地方的那天，它似乎完全是空的。如果说这里没有游客，那么这里却充满了那些脸色苍白、头发蓬松、穿着整齐制服的男孩们的精神、声音和面孔，他们在86年前**离开圣路易斯，在遥远**的地方参加了一场光荣的战争，这些男孩再也没有回家。

> 由于我们每天都生活在当前冲突的后果中，即在伊拉克的血腥和野蛮的战争中，这一事件的凄美性就更加强烈。我们每天都会读到关于那些永远不会回家的男孩的消息。"

"当我抱着刚出生的女儿在纪念馆和博物馆里走来走去时，给我印象最深的是，它看起来就像我在自己的国家苏格兰参观过的许多纪念馆。它也像我在法国、英国、加拿大和新西兰参观过的纪念馆，它看起来像几乎所有其他受一战屠杀影响的国家的纪念馆。"

"在几乎所有受到第一次世界大战--
所谓'结束所有战争的战争'--
影响的国家，人们都急于参军，并以极大的热情投入到战争中。他们相信，这将是一场短暂的、尖锐的、成功的战争，是出于良好的理由而进行的，对胜利者来说是光荣的。他们相信他们正在建设一个更美好的世界"。

"他们错了。在第一次世界大战的四年半时间里，平均每天有5500人死亡；也就是说，在四年半的时间里，每分钟大约有四个人死亡，直到1000万人死亡。第一次世界大战不仅摧毁了生命；它还摧毁了对进步、繁荣和文明人的合理性的信心，这种信心已成为19世纪的特点。战争摧毁了许多本可以为欧洲提供领导的下一代……"。

"今天早上，当我抱着我的小女儿，读着每天关于伊拉克暴力升级的报道，英国人、伊拉克人和美国人仍在死亡，圣路易斯的士兵--一场本不该发生的战争的纪念馆--萦绕着我，他们的鬼魂在纪念馆内徘徊。那是所有灾难中**最糟糕的一次**，那场本不应该打的战争--萦绕在我心头。"

"美国政府中的新保守主义头脑在开始中东战争之前，最好能访问这样的地方，并对这种纪念馆的教训进行长时间的思考，这场战争已经造成了令人难以置信的死亡，而且肯定会直接和间接地杀死更多的人。

(作者是印第安纳州埃文斯维尔大学历史系副教授詹姆斯-拉克兰-麦克劳德博士)。

我的经历与麦克劳德教授的经历相似。我参观了凡尔登和**帕申达尔**的战场，他雄辩地讲述的大部分屠杀都发生在那里。我试着想象1000万士兵如此年轻就死去，他们所经历的恐怖、**惊恐和悲痛，以及他**们留下的那些人的无尽悲痛。当我站在法国**众多**军事公墓之一的午后微弱的光线中，看着穿越军事公墓的成千上万个整齐的白色十字架时，我被愤怒所征服。然后被悲痛所淹没，以至于我发誓我听到了死者要求正义的哭声和痛苦的尖叫声，他们在生命的黄金时期被残酷地屠杀，我似乎可以看到他们的脸映在云层中。

这是一次神秘的经历，我永远不会忘记，就像一位英国军官在1919年访问这些战场的经历一样。

> 昨天我参观了近几年的战场。这个地方几乎无法辨认。地上不再是被炮弹炸毁的荒野，而是野花和高草的花园。最引人注目的是出现了几千只白色的蝴蝶在周围飞舞。仿佛死去的士兵的**灵魂来困**扰着这么多士兵倒下的地方。看到他们，感觉很阴森。还有那份寂静！它是如此安静，我几乎可以听到蝴蝶翅膀的扇动声。
> (摘自伦敦大英战争博物馆的记录)

我强烈的愤怒感使我下定决心去了解一场可怕的战争，它以大规模的宣传开始，是现代世界的祸害。这是写这本书和**揭露塔**维斯托克的邪恶的另一个决定性原因。罗杰-**卡西**门特爵士认为布莱斯勋爵应该以叛国罪被绞死，我认为威尔逊也应该遭受类似的命运，这将阻止罗斯福和丘吉尔使世界陷入第二轮的屠杀。宣传占了上风，而西方文明世界却失去了。

我们所知道的世界，由西方文明建立的世界，已经消失了。斯宾格勒的阴郁预言已经成真。代替我们的西方文明世界，我们很快就会看到新的单一世界社会主义共产主义政府的可怕大厦在未来长夜的黑暗中若隐若现。

毫无疑问，第一次世界大战是由英国及其盟友美利坚合众国在**惠灵**顿宫的帮助下策动的。如果没有这些黑暗势力的积极宣传，战争是不可能发生的。其主要设计师格雷勋爵的名字将作为一个不诚实的政治家和人民的叛徒而载入史册。

对于英国为何挑起第一次世界大战，人们没有达成共识。

但到了1916年，德国军队以最决定性的方式击败了法国和英国军队。威尔逊面临着向欧洲派遣美国军队的巨大压力。因此，**惠灵**顿宫对美国人民发动了一场全面的宣传战，但在布赖斯报告发表之前，它是无效的。

如果我们不充分了解1913年和1940年针对英国和美国人民进行的可怕宣传，就不可能理解在伊拉克发生的事情。这是历史上最黑暗和最卑劣的篇章之一，威尔逊大谈"正义的战争"，以及"结束所有战争的战争"，一场"使世界对民主安全"的战争等谎言。战争的目的是为了确保贸易，特别是为现在受到德国工业威胁的英国和法国。

但这些话只是掩盖了他的真实意图，在这种情况下毫无意义，这正是你对一个政治家的期望。你在广告牌上看到的那**种胡言乱**语。

威尔逊关于"使世界对民主安全"的演讲不过是彩色的气泡。他提议与英国人并肩作战，而英国人在那一刻正**确保帝国没有人民民主。**

英国人刚刚在一场持续了三年的残酷战争中残酷地解决了南非的布尔人。如果威尔逊想让世界"为民主而安全"，他应该与德国开战，反对英国这个侵略者和战争的煽动者。

它没有"使世界对民主安全"，而是变成了有史以来文明国家遭遇的最大**灾**难，这些国家在一场被称为"大战"的战争中落入了腐败、不道德和说谎者的魔掌。当然，它的 "伟大 "只在于其规模和范围。

除非我们承认100年前威尔逊和英国当权派的罪过，否则我们永远不会理解美国是如何成为"一个大国"的。美国不顾乔治-华盛顿的警告，不断地将自己卷入其他主权国家的事务中，第一个例子就是我们加入了第一次世界大战和国际联盟的失败。威尔逊充分利用惠灵顿宫的宣传高手，把这个口号作为胁迫性武器，并告诉不情愿的参议院，如果他们不批准国联，"就会伤透世界的心"。

感谢卡伯特-
洛奇参议员和一些美国参议员，他们在根据美国宪法认真考虑和反思后，拒绝批准国际联盟的条约，因为他们发现该条约试图扼杀美国的主权。威尔逊利用和滥用他的宣传癖好，试图通过宣布他的连任竞选是
"接受条约的伟大而庄严的公民投票
"来赢得胜利，但由于缺乏布莱斯勋爵的支持，他输了，被扫地出门。

不幸的是，没过多久，宣传的蒸汽机就随着重新设计的联合国版国联而卷土重来。杜鲁门（不是来自密苏里州的单纯的帽子推销员，而是共济会大师）背叛了美国人民，授权在美国组建这个独特的世界大厦，杜鲁门利用威尔逊留下的宣传，说服参议员们投票支持他的谎言。

杜鲁门所做的是强迫美国国家与魔鬼签订协议--
权力凌驾于正义和真理之上的魔鬼，枪杆子下的正义。我们在第二次世界大战中应用了这种
"正义"，不顾生命损失地大规模轰炸平民中心，我们在日本使用原子弹，尽管战争已经结束，作为拉姆斯菲尔德在违宪的伊拉克战争中采取的 "震慑 "宣传伎俩的一部分。

第二十二章

和平是不受欢迎的

第二次世界大战遵循了与第一次世界大战几乎相同的模式。由于与希特勒**达成了和平**协议，内维尔-张伯伦立即遭到了由塔维斯托克研究所领导的强大宣传攻势。张伯伦藐视300人委员会，支持一个新来者，一个被视为对世界社会主义构成威胁的外来者。

世界没有了解到张伯伦的真相，他是一个有能力的政治家，决心避免**另一**场战争，他经验丰富，制定了一个公平的和平计划--当然，坐在围栏上的军火商并不看好，他们等待着享用各国的财富，在他们儿子的尸体上盘旋。

在张伯伦宣布其成功的和平计划后，伦敦塔维斯托克研究所设立的庞大宣传机器立即开始行动，反对张伯伦。莎士比亚说，"人做的坏事在他们之后还活着；好的东西往往与他们的骨头埋在一起"。张伯伦所做的好事并不适合战争贩子，他们将其埋没在一系列的宣传和公然的谎言之下。

这些谎言是受雇于塔维斯托克研究所的宣传专家所为，包括彼得-霍华德、迈克尔-福特和弗兰克-欧文。其中一个人以 **"卡托"** 为名，如此诋毁张伯伦，以至于他们给张伯伦的名字加上的恶名一直延续到今天，即2005年7月。这就是强大的塔维斯托克宣传机器的力量。

后来，在宣传界人士完成他们的工作后很久，英国历史学

家和学者大卫-**达**顿写了一本《*内维尔-*
张伯伦》，他在书中对这位前首相做出了平衡的评价。

张伯伦远不是一个 "希特勒的骗子 "和
"**傻瓜**"，他是一个伟大的谈判者和一个非常有能力的领导
人，他为避免另一场战争进行了英勇的斗争。但这违背了3
00人委员会的意愿。 丘吉尔得到了他的
"愉快的战争"，但到1941年，"盟军
"实际上已经被赶出了欧洲大陆，人力损失巨大。法国、比
利时、荷兰和丹麦被占领。

德国向英国提出了慷慨的条件，但好战的丘吉尔拒绝了和
平姿态，转而向他的老盟友美国提供人员、资金和物资，
以继续进行 "美味的战争"。

对美国人民，我们深感悲痛地说。

> "**你什么**时候才能学会？你什么时候才能区分宣传和真实信
> 息？**你什么**时候会将战争提案付诸宪法检验？"

威尔逊是个不折不扣的骗子，也是美国宪法的诋毁者，然
而通过惠灵顿府组织、指导和维持的巨大宣传活动，他在
爱国主义的旗帜下运作，克服了对战争的强烈反对，从而
完成了他的使命。在威尔逊、丘吉尔和罗斯福之间，对西
方基督教文明造成了巨大的损害。然而，尽管如此，一股
宣传的浪潮继续冲刷着他们的名字，仿佛要让他们摆脱手
上数百万人的鲜血。

欧洲各地非但没有受到诋毁，反而有许多纪念碑，在美国
，将为富兰克林-D-
罗斯福建立一座价值数十亿美元的纪念碑，正如史汀生-
戴尔公司所说，他的背叛行为导致日本人
"打**响第一枪**"。珍珠港事件为共产党控制中国铺平了道路
，并最终为一个世界政府的共产主义-
社会主义世界新秩序铺平了道路。在这个绝望的山谷中，
我们唯一的希望是，这项工作可能有助于打开美国人民的
眼睛，使他们决心不再上当受骗，尽管在9月11日的悲剧发

生后，这似乎是一个虚妄的希望。

我们最近有一个令人不安的经历，就是在塞尔维亚、阿富汗和伊拉克被塔维斯托克学者手中扩大的宣传工具匆忙卷入了不必要的战争，而这个工具正是用来诋毁德皇和张伯伦的。米洛舍维奇总统被妖魔化，被诋毁，被贬低，最终被赶下台。米洛舍维奇总统被非法逮捕，并被非法运送到荷兰，接受一个傀儡法庭的
"审判"，该法庭近四年来一直试图对他的 "战争罪"进行定罪。

小布什拒绝给伊拉克的调解人以工作时间，因为他知道这可以防止战争。他拒绝给联合国武器检查员时间来完成他们的工作，而是以所有宣传者的不良意图宣布，世界不能再等十天了，因为 "伊拉克独裁者 "手中有 "大规模杀伤性武器 "的 "紧迫危险"。(The "Butcher of Baghdad")。

因此，美国人民再一次被塔维斯托克研究所的宣传员散布的谎言洪流所淹没，并被美国媒体，包括美国的主要宣传渠道*福克斯新闻所采纳*。

然而，美国人这次比较幸运。我们没有必要等待一个世纪才知道真相：没有 "大规模杀伤性武器"，没有"化学和细菌工厂"，没有远程火箭造成
"波士顿上空的蘑菇云"（感谢塔维斯托克宣传和大规模洗脑的辩护人赖斯女士），以及布什先生和他的同伙英国首相布莱尔。但是，尽管他们已经陷入了谎言之网，上述所有人仍然在职。他们没有因为无数个他们发誓是真实的谎言而被解雇，他们今天甚至懒得摆脱这些谎言，在卡尔-罗夫和阿莱斯特-坎贝尔这样的编造者的帮助下无视批评。让我们希望正义的事业得到伸张，那些对轰炸塞尔维亚和阿富汗的悲剧以及对伊拉克的无端入侵负有责任的人将被带到国际司法的法庭上为他们的罪行负责。

死者的声音从欧洲、太平洋、塞尔维亚和阿富汗以及伊拉克的战场上传来，哀叹他们的死亡是因为 "洗脑"取得了胜利，宣传占了上风，这是现代世界的祸害，从塔维斯托克研究所渗出，就像潮湿、嘈杂的沼泽地的恶臭瘴气，笼罩着世界，使其看不到真相。

诺斯克利夫勋爵

Walter Lippman

Edward Bernays和
Eleanor Roosevelt

Edward Bernays

塔维斯托克的社会科学家

W.R. Bion

Gregory Bateson

R.D. LaingEric Trist。塔维斯托克研究所的社会科学家

L.

.

列昂-
托洛茨基。马克思主义领
袖（真名列夫-
布隆斯坦。）

威利-
门岑伯格。杰出的俄罗斯
间谍和主要宣传员

诺斯克利夫勋爵和阿道夫-希特勒。

H.G. Wells.英国作家。领先的费边主义者，和特工人员。撰写了《世界战争》。

萧伯纳爱尔兰剧作家和费边主义者

沃尔特-拉特瑙。德国著名的工业家。德皇威廉二世的财务顾问。

伯特兰-罗素勋爵。英国社会主义者，作家和 "300"长老。

德皇威廉二世惠**灵**顿府
错误地将德国领导人称
为 "血腥屠夫"。

维多利亚女王是威廉二世
的表妹。

乔治五世国王。

伍德罗-
威尔逊，美国总统。一个
公开的社会主义者

德皇威廉二世站在被他射杀的比利时妇女和儿童身上的那张臭名昭著的宣传画。这幅画以及惠灵顿宫制作的一幅类似的画，显示威廉二世站在比利时儿童面前，一把剑从他们被切断的手上滴着血，被刊登在英国和美国的报纸上。

(上图）托洛茨基在莫斯科　　　　　　　"审查　　　　　　　"他的
"部队"。这是充斥着西方志愿者报纸的数百张宣传照片中的一张。

(下图）对第一次世界大战中许多可怕的手对手战斗之一的描述。残暴和
屠杀给双方的幸存者都留下了精神上的残疾，并被他们所经历的事情所
困扰。

(1) 肖恩-汉尼提 (2) 拉什-林伯格

(3) 塔克-卡尔森 (4) 马特-德拉吉

(5) G. Gordon Liddy (6) Peggy Noonan

(7) 布莱恩-威廉斯 (8) 比尔-奥莱利

(9) Lawrence Kudlow (10) Dick Morris

(11) John Stossel (12) William Bennet

(13) Oliver North (14) Michael Savage

(15) Michael Reagan (16) Joe Scarborough

第二十三章

塔维斯托克研究所：英国对美国的控制

塔维斯托克人际关系研究所位于伦敦和英国苏塞克斯的苏塞克斯大学的院子里，其大部分的研究设施都在那里。塔维斯托克今天仍然像我在1969年初**揭示其存在**时一样重要。我曾被指责为塔维斯托克的一部分，因为我在其苏塞克斯设施附近工作，熟悉其历史。

塔维斯托克最近的许多活动已经并将继续对我们在美国的生活方式和我们的政治机构产生深远影响。塔维斯托克被认为是堕胎广告、毒品泛滥、鸡奸和女同性恋、家庭传统以及对宪法的猛烈攻击、我们在外交政策中的不当行为和我们的经济体系的背后，被设计成失败。

除了约翰-罗林斯-里斯之外，没有其他人比爱德华-伯纳斯（西格蒙德-弗洛伊德的**侄子**）和库尔特-卢因对政治和世界事件的影响更大。这里必须包括一个"第三人"，尽管他从未是塔维斯托克学院的成员。他就是威利-芒森伯格，他的宣传方法和应用对现代大众传播时代如此**关**键，为他赢得了　　　　　　　　　"世界上最伟大的宣传家"的称号。芒森伯格可以说是他那个时代最杰出的人（他在第一次世界大战前就开始工作），在布尔什维克推翻罗曼诺夫王朝后，他的任务是为他们洗白。

Munzenberg无疑塑造了Bernays和Lewin付诸实践的思想和方法。他在操纵罗特-卡佩尔（"红色管弦乐队"间谍网络的指挥）的卡佩尔大师莱昂-

特佩尔方面的传奇经历，使门岑伯格成为所有现有情报机
构的间谍大师。特普是由门岑伯格训练的，从未被抓过。
特普在第二次世界大战期间能够获得英国和美国的所有秘
密。几乎没有任何由　　　　　　　　　　　　　　　　"盟友
"发起的秘密计划是特普不知道的，他把信息传递给莫斯科
的克格勃和GRU。

在他自己的领域，伯纳斯同样出色，但我怀疑他的大部分
想法来自他著名的叔叔西格蒙德。至于他的宣传思想，毫
无疑问，他　　　　　　　　　　　　　　　　　　"借鉴
"了门岑伯格的思想，这在伯纳斯1928年出版的经典《*宣传
*》中得到了体现。本书的论点是，政府组织公众舆论以符
合官方政策是完全合**适的，也是一**项自然权利。我们稍后
将回到这个主题。

早在伯纳斯或德国大众启蒙部长约瑟夫-
戈培尔（宣传部的名称）之前，门岑伯格就大胆地将他的
基本宣传原则付诸实践。

纳粹党的宣传专家非常欣赏门岑伯格的工作，并以门岑伯
格的方法为基础制定了自己的宣传方案。戈培尔总是小心
翼翼地把门岑伯格作为宣传的
"父亲"，尽管很少有人认识他。

戈培尔特别研究了门岑伯格是如何利用他对宣传科学的掌
握的，当时列宁招募他来减轻1921年令人**震惊的宣**传，当
时伏尔加地区有2500万农民死于饥荒的摧残。因此，出生
在德国的门岑伯格成为布尔什维克的宠儿。引用最近的一
个历史记载。

> "门岑伯格当时已经回到柏林，后来在那里他被选为帝国议
> 会的共产党代表，他的任务是创建一个假的
> "慈善机**构**"，即援助苏联饥饿工人组织外国委员会，其目
> 的是欺骗世界，使其相信人道主义援助是来自赫伯特-
> 胡佛的美国救济组织以外的来源。在这一点上，门岑伯格
> 是相当成功的。

芒森伯格吸引了前惠**灵**顿宫管理层的注意，该宫在1921年改名为塔维斯托克人类关系研究所，由原英国陆军心理战局学校的约翰-罗林斯少将领导。

一直关注我的工作的读者不会惊讶地发现，芒森伯格所采用和完善的大部分技术都被伯纳斯和他的同事库尔特-卢因、埃里克-特里斯特、多尔文-**卡特**赖特和H.V.Dicks W.R. Bion在塔维斯托克，他后来把这些方法教给了中央情报局。

芒森伯格并不是唯一对美国的事件产生深刻影响的共产主义者。我相信塔维斯托克在编写   "堕胎简报"时发挥了作用，该简报后来于1973年作为原创作品提交给最高法院，而实际上它只是对苏联   "妇女解放"**运**动的创始人和   "自由恋爱"的倡导者科隆泰夫人所写内容的背诵。

作为布尔什维克的政委和领导人，他的书对婚姻的神圣性和作为基督教国家最重要社会单位的家庭进行了抨击。当然，科隆泰直接从1848年的《共产党宣言》中提取了他的"女权主义"。

写出著名的 《1984》 *的*军情六处特工乔治-奥威尔（George Orwell）详细研究了芒森伯格的工作。事实上，他最著名的声明是基于门岑伯格所说的宣传的基础。

> "政治语言旨在使谎言看起来是真实的，谋杀是可敬的，使纯粹的风看起来是坚实的。"

正如他的德国同行Munzenberg所说。

> "所有的新闻都是谎言，所有的宣传都被伪装成新闻。"

了解芒森伯格是很有用的，因为它有助于我们了解政治家是如何**运作的，秘密力量是如何控制信息的**获取，以及公**众**舆论是如何被塑造和塑造的。伯纳斯当然是追随大师，从未偏**离**过他的方法。如果不了解这些事情，我们永远无

法理解乔治-

布什总统为什么能做他所做的事情而不必面对后果。这无疑使我能够追溯所谓的 "新保守主义者"的起源，这些人塑造了他的政策，并追溯到其创始人欧文-克里斯托尔，他承认自己是列昂-托洛茨基的公**开弟子**。

塔维斯托克仍然是所有与行为变化、意见形成和政治事件塑造有**关的研究**设施之母。塔维斯托克所做的是在20世纪创造一个 "欺骗的黑洞"。如果不是因为媒体的卖淫行为及其在传播 "乔治-奥威尔的福音"方面的作用，他的任务就会变得更加困难。

塔维斯托克的前身惠灵顿大厦的负责人诺斯克利夫勋爵是一位媒体大亨，他曾一度将他的 《*每日邮报*》**每周运往法**国，然后由一队卡车送至前线的英国军队，"以赢得他们对战争的支持"（第一次世界大战）。

特别是在美国，它实际上已经接管了麻省理工学院（MIT）、斯坦福大学（Stanford Research）、Esalen研究所、沃顿经济学院、哈德逊研究所、基辛格协会、杜克大学和其他许多我们认为完全属于美国的机**构**。

塔维斯托克旗下的兰德研究与发展公司对我们社会的许多机**构和部**门产生了深远的影响。作为塔维斯托克直接控制的主要研究机**构之一**，兰德公司负责我们的洲际弹道导弹计划，为美国外交政策制定者进行一流的分析，并为他们提供核政策方面的建议，在精神控制领域为中情局进行数百个项目。

兰德的客户包括AT&T、大通曼哈顿银行、美国空军、美国能源部和卫生部。

B.M.Rand是塔维斯托克在世界范围内控制的主要机构之一，它致力于在各个层面进行洗脑，包括政府、军队、宗教组织。英国圣公会的德斯蒙德-图图是兰德的项目之一。

再举个例子：乔治敦大学，也许是美国最好的高等学府之一。从1938年起，乔治敦的整个结构被塔维斯托克彻底改造--
所有的学习形式和课程都被改变，以适应塔维斯托克智囊团制定的计划。

这对美国的政策，特别是在外交政策关系方面具有重要意义。美国国务院的外地官员无一例外地都在乔治敦接受培训。

在乔治敦（塔维斯托克）最著名的毕业生中，有理查德-阿米蒂奇和亨利-基辛格。约翰-罗林斯-里斯的这两名隐形军队成员对我们国家的福祉所造成的损害程度将不得不在**另一个**时间讲述。

越来越多的证据表明，塔维斯托克对我们的情报机构的投入在增加。当我们想到美国的情报工作时，我们通常会想到CJA或联邦调查局的第五部门。

但还有许多其他情报机构接受塔维斯托克的指示。这些机**构包括国防部情**报局（DIA）、国家侦察局（NRO）和海军情报局（ONI）、财政部情报局（TIS）、国务院情报局、缉毒局（DEA）和其他至少十个机**构**。

塔维斯托克是如何以及何时开始其职业生涯的？正如我在1969年和1983年的书中所说，当你想到塔维斯托克时，你会自动想到它的创始人，英国陆军少校约翰-罗林斯。直到1969年，英国情报界以外的人很少知道塔维斯托克的存在，更不用说它在伦敦和苏塞克斯的设施中正在做什**么**。

塔维斯托克为那些在这个国家的每个城镇都能看到的人提供了性质险恶的服务；这些人把地方和州政府官员以及警察握在手心。

美国各大城市也是如此，共济会的光照派成员利用他们的秘密控制权，随意践踏权利法案，恐吓和残害无辜公民。

使这个国家伟大的政治家们在哪里？相反，我们拥有的是那些不执行他们制定的法律的立法者，他们害怕纠正各方普遍存在的明显错误，害怕如果他们遵守他们的誓言，他们可能会发现自己失去了工作。

他们也是立法者，对宪法的内容连最模糊的概念都没有，而且他们似乎也不在乎。他们通过的 "法律"从来没有经过合宪性测试。反正大多数立法者都不知道如何做这件事。结果，华盛顿出现了无政府状态。大多数竞选众议院和参议院的候选人可能会对以下事实感到震惊：他们中的每一个人都被塔维斯托克公司或其在美国的一个或多个分支机构的行为矫正科学家仔细审查和剖析。

可以说，国会存在着违宪违法的精神，这就是为什么我们被 "布雷迪法案 "和范斯坦 "攻击性武器"法案以及2003年的国土安全法案和爱国者法案等措施所侮辱，所有这些法案都没有在宪法中出现，因此都是一种禁止。范斯坦的 "法律"与塔维斯托克研究所的工作有着惊人的相似之处。由于宪法是国家的最高法律，"枪支管制 "法律是无效的。

枪支是私人财产。枪支不属于州际商业的一部分。每个理智的、成年的、非犯罪的美国公民都有权利在任何数量和任何地方保留和携带武器。

伟大的圣乔治-塔克说。

> "美国国会无权管理或干涉任何一个州的国内事务，应由他们（各州）制定有关财产权的任何规则，宪法不允许禁止人民使用武器，或禁止他们在任何场合出于任何目的、以任何人数进行和平集会。"(Blackstone's Views on the Constitution, page 315)

任何不容易控制或不符合塔维斯托克特征的候选人都会被抛弃。在这种情况下，印刷和互联网媒体--在塔维斯托克或其附属机构的指导下--发挥着关键作用。让选民们当心，让广大民众了解这一点。

我们的选举过程已经成为一场闹剧，这要归功于塔维斯托克通过 "内部定向调节 "和 "远距离渗透 "来控制这个国家人民的思想和观念所做的工作，而投票精神控制科学是其中的一个组成部分。塔维斯托克为黑色贵族的所有元素服务，致力于剥夺我们1776年美国革命的胜利。如果读者不熟悉黑人贵族，应该注意这个词并不是指黑人。它指的是一群**极其富有的人，即王朝，其**历史可以追溯到五百多年前，他们是300人委员会的骨干。

在国际方面，以及在决定外交政策的美国机构领域，塔维斯托克在各级政府中进行心理分析，以及对私人生活的侵扰，规模确实很大。

塔维斯托克为罗马俱乐部、西尼基金会、德国马歇尔基金、洛克菲勒基金会、比尔特伯格家族、CFR和三边委员会、迪奇利基金会、国际清算银行、国际货币基金组织、联合国和世界银行、微软、花旗银行、纽约证券交易所等制定了简介和计划。这份由塔维斯托克规划者掌握的机构名单远非详尽无遗。

1991年海湾战争之前的宣传攻势是基于塔维斯托克公司对美国大量人群的心理分析。这些结果被传递给意见制造者，也被称为麦迪逊大道上的 "广告公司"。

这种宣传如此有效，以至于在两周内，连伊拉克在地图上的位置都不知道的人，更不用说它的领导人是谁了，都开始大喊大叫，呼吁对 "一个威胁美国利益的独裁者 "**开**战。可怕吗？是的，但不幸的是，100%的真实性!海湾危机
"这个词是由塔维斯托克研究所创造的，目的是代表一个300多人的委员会为布什的战争争取最大的支持，该委员会的旗舰公司是英国石油公司（BP）。

我们现在知道--至少是我们中的一些人--塔维斯托克在制造基于混淆视听、谎言、掩饰、歪曲和公

然欺诈的公众舆论方面发挥了多么重要的作用。世界上没有其他机**构能与塔**维斯托克人类关系研究所相媲美。引自我1984年的最新报告。

> "有一些机**构和出版公司正在意**识到正在发生的变化。最新一期的《Esquire》杂志有一篇题为 "发现美国"的文章。Esquire》没有提到塔维斯托克的名字，但它是这样说的：在20世纪70年代的社会革命（一个非常重要的短语）中，大多数个人仪式和互动以及机构生活都被彻底改变了。自然，这些变化影响了我们对未来的看法......美国的经济基础正在发生变化，新的服务和产品正在提供。"

文章接着说，我们的工作生活、休闲时间、教育系统正在被改变，最重要的是，我们孩子的思维正在被改变。*Esquire*文章的作者总结道。

> "美国正在发生变化，它未来的发展方向也在发生变化......偶尔，我们的新美国部分（承诺在《Esquire》未来的版本中）会显得不那么新，因为大部分的新思维已经悄悄进入美国生活的主流，但到目前为止还没有被注意到。"

我对 "时间改变事物"这一谬论的描述再恰当不过了。**没有什么会自己改变，所有的改变都是设计好的，无论是秘密的还是公开的。**尽管《*Esquire*》没有说谁对我们人民试图抵制的变化--大多是不想要的变化--负责。

并非只有*Esquire*公司提出这种说法。数以百万计的美国人生活在对塑造他们未来的力量完全无知的情况下。他们不知道美国已经完全被塔维斯托克的 "长程定向国内渗透法"所 "调教"。更糟**糕的是，**这几百万人因为塔维斯托克的条件反射（使美国人按照塔维斯托克希望他们的方式思考），似乎不再**关心。他们已经被** "长期渗透"--塔维斯托克制定的主控制计划 "内部调节"，对国家进行了长期的洗脑，以至于他们现在一直处于 "炮击"状态。

正如我们将看到的，这种冷漠和无知是有充分理由的。我们作为一个国家所遭受的被迫和不必要的变化，是与约翰-罗林斯-
里斯一起在塔维斯托克研究所的几位理论大师和技术人员的工作。

第二十四章

洗脑拯救了一位美国总统

我敢说，即使在我多年揭露里斯和他的工作之后，95%的美国人不知道他是谁，也不知道他对美国造成了什么伤害。

我们这么多的公民仍然完全不知道他们是如何被操纵并被迫接受   "新思想"、"新文化   "和"新宗教"。他们受到了严重的侵犯而不自知。他们仍然在被强奸，仍然不知道发生了什么，特别是在通过民意调查形成意见的时候。

为了说明我的观点，前总统克林顿之所以能够在一个又一个的丑闻中幸存下来，是因为民意调查显示，美国人民对他的**离奇行**为并不关心，没有要求进行弹劾程序。这可能是真的吗？难道人们真的不再关心公共道德了吗？当然不是!

这是由塔维斯托克研究所传授的一种人为情况，每个出纳员都接受过塔维斯托克的意见形成和舆论操纵方法的培训，因此答案 "真实"。

我们可以加上G主席。W.布什对"生还者"。尽管他公然撒谎，用来发动非法（违宪）的伊拉克战争，但他没有被免职。这是不符合宪法的，因为从来没有按照宪法宣布过战争。

此外，美国宪法中没有任何条款允许美国攻击没有对其实施交战行为的其他国家。布什总统是如何在没有被弹劾的情况下逃脱的？答案在于塔维斯托克研究所及其大规模洗脑能力。

塔维斯托克在1946年对美国发动全面战争后承担的首批任务之一是迫使美国人民接受
"**另**类生活方式"。塔维斯托克的文件显示了一场强迫公众合法接受某些群体的**运动**的领导者，这些群体的行为在国会强行通过改变之前，几乎在联邦的每一个州都被承认为犯罪，而且在一些州仍然是犯罪。我指的是今天所说的
"同性恋生活方式"。

在**启**动这一   "变革
"计划之前进行的仔细分析，不了解情况的人并不相信，他们认为这是
"可怕的科幻小说"，尽管它是以最简单的术语解释的。绝大多数美国人从未听说过（在2005年仍然不知道）塔维斯托克研究所在1946年与他们开战，也不知道人民在那场战争中失败了。

第二次世界大战结束后，塔维斯托克将注意力转向了美国。打倒德国的方法被用来对付美国。对我们国家进行的大规模洗脑被称为"远距离渗透"和"内部定向调节"。

这项事业的主要目标是在各级政府安装社会主义方案，从而为一个新的黑暗时代铺平道路，在一个单一的政府内建立一个新的世界秩序，即共产主义独裁政权。

特别是，它旨在打破婚姻和家庭生活的神圣性。而且它也是针对宪法的，是为了
"使其失去效力"。同性恋、女同性恋和堕胎是塔维斯托克设计的项目，"改变"美国宪法的目标也是如此。

塔维斯托克的大多数方案都是基于在其训练有素的民意调查员和他们巧妙的问题的帮助下，选出   "**正确的**
"候选人。塔维斯托克的   "同性恋生活方式
"项目包括建立几个
"工作队"，**帮助媒体掩盖**对同性恋的攻击，使"新生活方式

"的十字军看起来像 "**另一个人**"。

谈话节目现在是这些计划的一个组成部分，但在当时，它们并不像今天这样被广泛用于实现社会变革。塔维斯托克选择的通过脱口秀节目促进重大社会和政治变革的领导人是菲尔-多纳休和杰拉尔多-里维埃拉、比尔-奥莱利、芭芭拉-沃尔特斯和其他许多人，他们的名字在美国已经变得很熟悉。是他们提拔了那些将参加竞选的人；直到现在，这些人还会被人从平台上嘲笑。但现在，由于巧妙地利用了民意调查，这些人被认真对待。

通过电视脱口秀主持人对公众进行引诱的计划，花费了数百万美元来实施这个由塔维斯托克公司强制实施的社会变革的长期计划，正如结果所显示的，塔维斯托克公司做足了功课。以我的经验，我仍然对这一重大举措的顺利完成感到**惊奇**。

全国各地的整个社区都被描述得面目全非；谈话节目的嘉宾和他们的听众都是根据他们的情况来选择的，而他们根本没有意识到在他们不知情和不同意的情况下做了什么。美国人被大规模地欺骗了，当时不知道，现在也不知道。他们也不知道塔维斯托克人际关系研究所正在给他们带来鞭子。

最后，经过三年的准备，塔维斯托克的鸡奸/女同性恋者对完全没有戒心的美国人民的攻击，可以比作法国大革命时在毫无戒心的法兰西民族身上爆发的风暴。

这场精心策划和执行的运动按计划在佛罗里达州开始，完全按照计划，安妮塔-布莱恩特站出来，拿起武器反对"同性恋社区"的入侵者--塔维斯托克精心挑选的词语，现在已经完全可以接受。在这一集之前，"同性恋"这个词从未被用来描述同性恋者或他们的行为。

塔维斯托克成立于1921年，是**惠灵**顿学院的继承者，该学

院在1914年和1917年发动了一场重大政变，正如我们已经
说过的那样，将英国和美国带入了一场与德国的野蛮战争
。

塔维斯托克将作为英国情报部门的主要研究工具，这些部
门仍然是世界上最好的。受君主委托的约翰-
罗林斯少校和后来的准将被选来领导这个项目。英国皇室
在洛克菲勒家族和罗斯柴尔德家族的帮助下资助了该项目
。

二战中期，塔维斯托克从大卫-
洛克菲勒那里获得了额外的资金，以换取他帮助从前雷纳
德-
海德里希手中接管德国特工部门。辉煌的纳粹安全局的全
部**机构和人**员被运到华盛顿特区，这违反了国家的最高法
律。它**开始被称**为 "国际刑警"。

在第二次世界大战期间，位于伦敦和苏塞克斯的塔维斯托
克设施是英国军队心理战局的总部。

事实上，由于丘吉尔和罗斯福之间的 "最好的朋友
"协议，塔维斯托克能够通过特别行动局（SOE）完全控制
美国的军事情报和政策，并在整个第二次世界大战期间保
持这种控制。艾森豪威尔被300人委员会选中，成为欧洲盟
军的总司令，但只是在塔维斯托克公司进行了广泛的分析
之后。随后，他被任命为白宫。艾森豪威尔被允许保留他
在白宫的席位，直到他的用处用尽，对战争的记忆逐渐消
失，他被撤职。艾森豪威尔对他在300人委员会和塔维斯托
克研究所手中受到的待遇感到痛苦，这反映在他关于军工
综合体所带来的危险的声明中--这是对他的前老板
"奥林匹亚人 "的隐晦提及。

*300人委员会》*一书[9] ，讲述了这个管理世界的极端机密、
极端精英主义的机构的全部故事。300人委员会拥有一个庞

---

[9] 由Omnia Veritas有限公司出版，www.omnia-veritas.com。

大的、环环相扣的网络，包括银行、金融公司、印刷和网络媒体、主要的
"智囊团"、新的科学科学家，他们实际上是由其国家民意调查员塑造的现代舆论的创造者，等等。今天，《财富》500强中有450多家最大的公司都在300人委员会的支配之下。

这些公司包括加拿大石油公司、香港上海银行、哈里伯顿公司、罗特公司、凯洛格和布朗公司、英国石油公司、壳牌公司、施乐公司、兰克公司、雷神公司、ITT公司、鹰牌保险公司、所有主要保险公司、美国、英国和加拿大的所有领先公司和组织。所谓的环保运动完全是由委员会通过塔维斯托克研究所控制的。

大多数人倾向于认为   "洗脑"是韩国/中国的一种技术。事实并非如此。洗脑可以追溯到塔维斯托克，他是这种艺术的创始人。行为矫正的科学起源于塔维斯托克，他训练了一支情报人员队伍来做同样的事情。

美国，也许比其他任何国家都更能感受到塔维斯托克的拳头在我们国家生活中几乎每一个层面的控制，它对这个国家的控制并没有减少：相反，随着威廉-杰斐逊-克林顿和布什父子的出现，它已经大大地收紧。1992年和1996年，我们真的被洗脑了。2005年，我们确实是一个被洗脑的国家。美国是使用里斯技术的远程渗透战的主要受害者。

其他受害国有罗得西亚（现在的津巴布韦）、安哥拉、南非、菲律宾、南朝鲜、中美洲、伊朗、伊拉克、塞尔维亚、南斯拉夫和委内瑞拉。

该技术在伊拉克和伊朗并不奏效，总体而言，穆斯林国家似乎比西方国家更不愿意接受塔维斯托克的大规模人口控制方法。

毫无疑问，他们严格遵守《古兰经》的法律和他们的伊斯

兰信仰是打败塔维斯托克的中东计划的原因，至少是暂时的。因此，一场向穆斯林世界开战的协同运动被发动起来。

里斯在迫使广泛的国家进行变革方面的成功，反映在此后的事件中。在国内，塔维斯托克已经重塑了一整套美国的主要机**构，包括私人和政府机构，包括我**们的情报机构、五角大楼单位、国会委员会、大企业、娱乐界等等。

第二十五章

塔维斯托克对美国的攻击

塔维斯托克团队的关键人物之一是库尔特-卢因博士。他出生在德国，当他的人口控制实验被德国政府发现后，被迫逃离。卢因已经为里斯所熟知--**两人曾在民意**调查和类似的意见形成实验中进行过广泛的合作。据说戈培尔博士热情地采用了塔维斯托克的方法。

卢因逃到了英国，在那里他加入了塔维斯托克的里斯，并接受了他的第一个重要任务：他令人钦佩地完成了被证明是历史上最伟大的宣传活动，它使美国人民陷入了对德国以及后来对日本的疯狂仇恨之中。这次闪电战最终使数十万美国士兵丧生，并使数十亿美元流入华尔街、国际银行和军火商的库房。

我们在人命和国家财富方面的损失是无法弥补的。

就在进攻伊拉克之前，美国遭受了一场宣传爆炸，其程度仅略低于促使美国参加第二次世界大战的宣传。对卢因为第二次世界大战制定的关键词和短语的仔细分析表明，在93.6%的案例中，这些触发词和短语与朝鲜战争、越南战争和海湾战争中使用的词和短语相吻合。

在越南战争期间，使用塔维斯托克方法的民意调查被用来对美国人民产生破坏性影响。

在海湾战争期间，塔维斯托克的方法的一个例子是，国务院继续将其驻科威特的使馆工作人员称为"人质"，而实际上没有人被监禁。事实上，他们每个人都可以在任何时候自由离开，但他们被命令留在科威特，以便他们可以宣传他们的情况。

事实上，这些   "人质"是国务院的人质!由于无法让侯赛因总统打响第一枪，不得不设计出另一个类似珍珠港的   "人为状况"。艾普尔-格拉斯皮的名字将永远与背信弃义和臭名昭著联系在一起。随后，科威特精心策划了一场盗窃数百万桶伊拉克石油的活动。侯赛因得到了美国驻巴格达大使艾普尔-吉莱斯皮的
"绿灯"，让他进攻伊拉克，结束让伊拉克人民损失数十亿美元的局面。但是，当袭击发生后，老布什没有浪费任何时间，派出美国军队帮助科威特。

布什总统一直在利用   "人质"这一虚假说法来建立对伊拉克的支持。这就是塔维斯托克研究所将失败的地方。虽然它成功地说服了大多数美国人，认为我们的中东政策是正确的，但塔维斯托克却未能控制叙利亚、伊朗、伊拉克、阿尔及利亚和沙特阿拉伯。

正是在这一点上，塔维斯托克剥夺阿拉伯国家的石油的狡猾计划崩溃了。军情六处可以派遣菲尔比夫妇和希尔上尉这样的   "阿拉伯人"去破坏穆斯林国家的日子早已一去不复返了。

阿拉伯国家已经从他们的错误中吸取了教训，今天他们对英国政府的信任比他们在第一次世界大战开始时少得多。埃及的穆巴拉克独裁政权陷入困境。穆斯林原教旨主义者试图使旅游业变得不安全，而埃及除了每年从美国纳税人那里获得30亿美元的捐款外，还依赖外国硬通货来维持旅游业的发展。同样，叙利亚也不会长久地站在美国的政策一边，这些政策有利于以色列，却牺牲了巴勒斯坦人。

在国内，美国政府向塔维斯托克的库房投入了数十亿美元：在这数十亿美元的接受者中，有国家训练实验室、哈佛心理诊所、沃顿商学院、斯坦福的胡佛研究所、兰德、麻

省理工学院、国家心理健康研究所、乔治敦大学、埃萨伦研究所、行为科学高级研究中心、密歇根社会研究所以及许多其他智囊团和高等院校。

在美国世界各地的情报部门建立这些分支机构的任务交给了库尔特-

卢因，我们以前见过这个人，但在我关于塔维斯托克的故事曝光之前，可能有100多人不知道他的名字。然而，这个人和约翰-罗林斯-

里斯对美国共和国赖以生存的机构所造成的损害，比希特勒或斯大林所能完成的任何事情都要大。塔维斯托克是如何解**开我**们维系国家的社会结构的经纬线的，这是一个令人不寒而栗的故事，其中同性恋生活方式的 "正常化"只是一个小而重要的成就；一个更大、更可怕的成就是通过民意调查进行大规模洗脑的成功。

为什么里斯的塔维斯托克技术在实践中如此有效？里斯通过压力测试，即心理冲击，也被称为压力事件，完善了他的大规模洗脑实验。里斯的理论现在得到了充分的证明，即如果整个人口可以接受压力测试，那么就有可能提前确定人口对特定的压力事件会有什么反应。

非常明确的是，这种技术是通过民意调查创造理想的公众舆论的核心，它被用来保护克林顿政府不受围绕白宫爆发的丑闻的影响，现在它又保护小布什不被赶出白宫，取得了毁灭性的效果。

第二十六章

平庸的政治家、演员和歌手如何被 "提拔"？

这种技术被称为
"特征分析"，可以应用于个人、小型或大型人群、群众团体和各**种**规模的组织。然后他们被 "打气"，成为 "明星"。当威廉-
克林顿在阿肯色州只有20多岁的时候，他就被录取为罗兹奖学金计划的候选人。在他的整个职业生涯中，特别是在越南战争期间，他的进步被剖析出来。然后，在证明了自己之后，克林顿被 "培**养**" 到白宫，然后不断 "打气"。

整个行动是在塔维斯托克研究所的洗脑者的控制下进行的。这些东西就是这样运作的。这就是锻造工具的方式，实际上是在制造候选人，特别是那些被认为适合担任公职的人；那些总是可以被指望做 "正**确**"事情的候选人。国会里到处都是这样的人。金里奇是一个典型的、成功的
"塔维斯托克产品"，直到他的行为被发现。特伦特-洛特、迪克-切尼、查尔斯-舒默、巴尼-弗兰克、汤姆-迪雷、丹尼斯-哈斯特、弗里斯特博士等是塔维斯托克 "毕业生
"的其他例子。同样的技术也适用于演员、歌手、音乐家和艺术家。

沉重的宣传被用来说服民众，不受欢迎的 "社会环境动荡"是我们所处的时代变化的结果，而我们现在知道，新科学

的科学家设计了一些方案（压力方案）来人为地制造
"社会环境动荡"，然后把它当作自然条件的结果，更好地
称为 "时代的变化"。

塔维斯托克的新科学家们相信，我们不会适用
"凡是有果必有因   "的原则--
他们是对的。例如，我们温顺地接受了   "披头士"、他们的
"新音乐   "和他们的歌词--
如果**你敢称它**为音乐和歌词的话，因为我们被告知，乐队
都是自己写的。

事实上，音乐是由塔维斯托克大学毕业生西奥-
阿多诺（Theo
Adorno）创作的，他的12音和弦经过科学的调音，在整个
美国制造了大规模
"环境社会动荡"。披头士乐队中没有人能够读懂音乐。然
而，他们被日夜
"灌输"，毫不松懈，直到**关于他**们的一切，包括谎言和所
有，都被接受为真理。

塔维斯托克一再证明，当一个大群体被成功地剖析后，它
可以在社会和政治生活的几乎所有方面受到
"内部定向调节"。自1946年以来，作为塔维斯托克在美国
进行的大规模精神控制实验的一个组成部分，投票和表态
一直是他迄今为止最成功的冒险。美国被欺骗而不自知。

为了证明他的技术的成功，里斯要求塔维斯托克在一个与
阴谋有关的话题上测试一大群人。结果发现，97.6%的受访
者断然拒绝了存在全球阴谋的想法。我们的人民在多大程
度上会不相信他们在过去的56年中受到了塔维斯托克的直
接攻击？我们有像拉什-
林博这样的电台脱口秀主持人，他们反复告诉他们的听众
，没有**阴**谋。

有多少人会相信，在过去的56年里，塔维斯托克一直在向
我国的**每一个村庄**、乡村、城镇和城市派遣一支无形的冲

击部队？这支无形的军队的任务是通过　　　　"内部定向调节"的方式，**渗透、改**变和修正集体社会行为。

里斯的　　　　　　　　　　　　　　　　　　"隐形军队"是由真正的专业人士组成的，他们了解自己的工作并致力于手头的工作。现在，法院、警察部门、教堂、学校董事会、体育机**构**、报纸、电视演播室、政府咨询委员会、市议会、州立法机构都有他们的身影，他们在华盛顿也有很多。他们竞选各种职位，从县议员到警长到法官，从学校董事会成员到市议员，甚至竞选美利坚合众国总统。约翰-罗林斯-里斯在1954年解释了这个系统是如何运作的。

> "他们的工作是将我们所知道的先进的心理战技术应用于整个群体，这些人将不断增长，这样他们就可以更容易地控制整个人口。在一个完全疯狂的世界里，有能力影响政治和政府领域的塔维斯托克心理学家组成的团体必须成为仲裁者，即权力的阴谋。"

这种坦率的忏悔会说服阴谋怀疑论者吗？可能不会，因为这种封闭的思想是否能对这些事情有任何真正的了解，是值得怀疑的。这样的信息在电台的　　　　　　　　　　"话事人"那里被浪费了。

里斯的隐形军队的主管之一是罗纳德-利珀特，他的专长是操纵儿童的思想。

塔维斯托克的另一位　　　　　"**关**联心理学家　　　　　"弗雷德-埃默里博士是约翰逊总统的克纳委员会的成员。

埃默里是塔维斯托克所说的　　　　　　　　　"社会环境动荡"专家，其前提是，当整个人口群体受到社会危机的影响时，它就会分解成协同的理想主义，最终支离破碎，即放弃处理问题或问题。

环境"一词与生态问题无关，而是指专家在其中开店的特殊环境，其具体意图是制造问题--"动荡"或"压力模式"。

摇滚乐、毒品、自由恋爱（堕胎）、鸡奸、女同性恋、色情、街头帮派、对家庭生活、婚姻制度、社会秩序、宪法，特别是2个   和10个修正案的不断攻击，已经是这种情况。

在发生这种情况的地方，我们发现社区在面对破碎的司法系统、学校董事会教授进化论、鼓励未成年人购买安全套，甚至是   "儿童权利   "时无能为力。儿童权利"一般意味着应该允许儿童不服从他们的父母，这是社会主义   "儿童保育"计划的一个关键因素。里斯的隐形军队成员盘踞在众议院和参议院、军队、警察和该国几乎所有的政府办公室中。

在研究了加利福尼亚州之后，我得出的结论是，该州拥有全国最大的   "隐形军队"冲击部队，这使得加州成为非常接近社会主义的警察国家。我相信，加州将成为全国其他地区的 "典范"。

目前，没有任何法律规定这种调节是非法的。里斯和卢因研究了英国和美国的法律，并得出结论，在未经同意或不知情的情况下 "调节 "一个人是合法的。

我们需要改变这种情况。民意调查是   "调节"的一个组成部分。塔维斯托克冲击部队的   "隐形军队"改变了美国人对摇滚乐、婚前性行为、吸毒、非婚生子女、滥交、结婚、离婚、家庭生活、堕胎、同性恋和女同性恋、宪法的看法，是的，甚至谋杀，更不用说只要你做得好，没有道德是可以接受的。

在塔维斯托克的早期，"无领导小组概念"被用来把我们所知道的美国磨成灰尘。该项目的领导人是W.R.Bion，他多年来管理着沃顿经济学院，在那里教授自由贸易和凯恩斯主义经济学等无稽之谈。日本一直忠实于麦克阿瑟将军教导的美国模式--而不是沃顿商学院的骗子--看看今天的日本。不要责怪日本人的成功--责怪塔维斯托克破坏了我们的经济体系。但是轮到日本的时候到了!在建立新的世界秩序中的一个世界政府的最后攻击中，没有国家可以幸免。

负责塔维斯托克反美战争（1946年）的 "智囊团"包括伯纳斯、卢因、拜伦、玛格丽特-米德、格雷戈里-贝特森、H.V.迪克斯、利珀特、奈斯比特和埃里克-特里斯特。"隐形军队"的突击队是在哪里训练的？在塔维斯托克的里斯公司，他们从那里传播到美国各地，播下了 "环境社会动荡压力模式"的**种子**。

他们扩散到美国社会的各个层面，在可以发挥里斯教给他们的影响力的地方获得职位。这支无形的冲击军所做的决定深刻地影**响了美国的各个**层面，而且最糟糕的情况还在后面。

仅举几个主要的冲击部队，乔治-舒尔茨、亚历山大-海格、拉里-金、菲尔-多纳休、伯克利上将（深度参与掩盖肯尼迪刺杀事件）、理查德-阿米蒂奇、比利-格雷厄姆、威廉-佩利、威廉-巴克利、**帕梅拉**-哈里曼（已故）、亨利-基辛格、乔治-布什，以及已故凯瑟琳-梅尔-格雷厄姆，不要忘记1992年由克林顿夫妇带领的从阿肯色州抵**达**华盛顿的车队，他们的国家很快将被撕碎。和克林顿夫人，他们的国家很快就会被撕碎。新来的人包括拉什-林堡、比尔-奥莱利、拉里-金和**卡尔**-罗夫。

作为冲击部队一部分的商业领袖人数众多，在此无法列举。数以千计的这些来自商业大队的隐形军队的冲击部队出现在塔维斯托克会议上。

美国的设施，即国家培训实验室（NTL），是在阿维尔和**帕梅拉**-哈里曼（Averill and Pamela Harriman）庞大的纽约庄园里开始的。正如我们现在所知，正是哈里曼选择了克林顿进行特别培训，并最终选择了椭圆形办公室。

在国家培训实验室，公司高管接受了有关压力情况和如何处理这些情况的培训。派遣高级管理人员到NTC接受塔维斯托克培训的公司包括西屋公司、B.F.古德里奇公司、美国铝业公司、哈里伯顿公司、英国石油公司、壳牌公司、美孚-

埃克森公司、百合公司、杜邦公司、纽约证券交易所、Archer Daniels Midland、**壳牌石油公司。美孚石油公司、康科公司、雀巢**公司、AT&T、IBM和微软。更糟糕的是，美国政府派出了来自美国海军、美国国务院、公务员委员会和空军的高级人员。你们的税款，数以百万计，支付了塔维斯托克在哈里曼**庄园的阿登楼**给这些政府雇员的 "教育"。

第二十七章

导致美国进入第二次世界大战的塔维斯托克公式

他们的培训中最重要的方面也许是利用民意调查来确保公共政策符合塔维斯托克的目标所认为的理想。这种改变思想的技术被称为"民意调查"。

塔维斯托克的大规模剖析使不充分的反应成为可能，而在海湾战争期间，塔维斯托克的 "隐形军队"的不充分反应发挥了完美的作用。

我们没有反抗将这个国家拖入对一个与我们没有争执的友好国家的战争，一场没有经过国会适当宣战就开始的战争，而是被 "转向"为它服务。简而言之，由于美国人民自1946年以来所经历的"长期内部调节"，我们在不知不觉中被严重误导。

塔维斯托克建议老布什总统使用以下简单的公式，1941年，当罗斯福准备将美国拖入第二次世界大战时，里斯和卢因要求艾伦-杜勒斯使用这个公式。

(1) 目标国家的士气状况及其可能的演变是什么？
   这也适用于美国的士气）。

(2) 美国对波斯湾战争是必要的想法有多敏感？

(3) 可以使用什么技术来削弱美国对波斯湾战争的反对意见？

(4) 什么样的心理战技术会成功地破坏伊拉克人民的士气

? 这就是塔维斯托克迈出的非常糟糕的一步）。

一旦布什代表伊丽莎白女王和她的石油公司BP致力于撒切尔首相的1991年海湾战争，塔维斯托克就组建了一个由心理学家、舆论制造者（由希尔和诺尔顿公司的无耻骗子领导）和众多塔维斯托克剖析师组成的团队。布什总统为推动伊拉克战争而发表的每一篇演讲都是由塔维斯托克培训的多学科团队撰写的。

有**关海湾**战争是如何被宣传的以及乔治-
布什总统如何在这场恶性和腐败的战争背后动摇美国人民的绝密信息最近被公布给国会委员会。报告说，在消灭伊拉克计划的早期阶段，布什政府被告知，公众支持是最重要的，他没有得到美国人民的支持。

第一条规则是在美国人民心中确立
"保护受到一个疯子领导的伊拉克入侵威胁的沙特油田的巨大需要"。因此，尽管从一**开始就知道伊拉克无意攻**击沙特油田，但国家安全局（NSA）却散布虚假和误导性信息，称沙特油田是伊拉克的最终目标。这完全是捏造的，但这是成功的**关**键。国家安全局从未因其欺骗性行为而受到制裁。

报告指出，需要前所未有的电视报道来建立公众对战争的支持。布什政府很早就获得了美国广播公司（ABC）、哥伦比亚广播公司（CBS）和全国广播公司（NBC）这三大网络的全面合作，然后是美国有线电视新闻网（CNN）。后来，又增加了一个虚拟的宣传站--
福克斯新闻（也被称为Faux
News）。到1990年，这些网络对海湾战争及相关问题的报道是1989年任何其他报道的三倍，战争一开始，报道就比任何其他报道多了五倍，包括天安门广场。

2003年，小布什非常严格地遵循了对他父亲有效的公式，但又做了一些额外的调整。混合了小说的新闻（见H.G.威尔斯的《世界大战》一节）变得更多的是混合了小说的新闻，公然的谎言被使用，以至于无法区分直接报道和混合了小说的新闻。

报道战争的主要参与者之一是美国有线电视新闻网（CNN），它与布什政府签订合同，将海湾战争带入美国人的客厅，每天24小时。由于大量有利的和有偏见的新闻，在海湾地区部署军队受到了大约90%的美国人的欢迎。这只是对美国人民进行民意调查的另一种方式，是对他们进行洗脑的另一种方式。

国家安全局（NSA）的顾问告诉布什政府，从一开始就必须说服公众同意其海湾战争的计划。决定在希特勒和萨达姆-侯赛因之间建立一个平行关系，"必须阻止萨达姆-侯赛因　　　"这句话被反复提及，随后又谎称伊拉克总统"行为像希特勒"。

后来，又增加了一个可怕的威胁，即伊拉克有能力用远程大规模毁灭性武器打击美国。这是对斯大林法令的改编，即为了捕获和奴役自己的人民，必须首先恐吓他们。

英国首相布莱尔甚至走得更远。他在议会发言时告诉英国人民，"萨达姆-侯赛因"有能力打击英国，而且可以在45分钟内完成。他甚至警告在塞浦路斯度假的英国游客尽快返回英国，因为英国情报部门得知伊拉克正准备对该岛发动核打击。布莱尔在宣布时，完全知道伊拉克的核武器计划已于1991年被彻底摧毁。

第一届布什政府在宣传海湾战争的必要性方面的　　　"技巧"在希尔和诺尔顿公司编造的、科威特驻华盛顿大使的女儿含泪讲述的　　　"孵化器　　　"故事中**达到高潮**。参议院--以及整个国家--**吞下了**这个巨大的骗局。

德皇威廉二世又**开始**
"砍掉比利时幼童的手臂"，取得了更大的成功。在希尔和诺尔顿的　　　　　　　　　　　　　"大谎言"之后，77%的受访美国人说他们赞成对伊拉克使用美国军队，尽管65%的受访者甚至不知道伊拉克在地图上的位置。

所有主要的民意调查都显示，布什违反宪法的行为得到了认可，因为受访者不知道什么是宪法宣战，也不知道它有约束力。报告说，联合国发挥的作用加强了布什政府的**"沟通技巧"**。

第二届布什政府使用了同样的塔维斯托克方法，美国人民再次接受了作为事实呈现给他们的谎言和歪曲。副总统切尼大力推动这场战争，他领导了一场大规模的运动，迫使公**众**舆论站在乔治-
布什一边。美国历史上没有其他副总统如此积极地迫使美国人民与伊拉克**开**战。

切尼在一个月内15次出现在电视上，直言不讳地指出，塔利班是袭击纽约世贸中心大楼的幕后黑手，塔利班受侯赛因总统控制。"切尼说："打击恐怖主义的斗争必须针对伊拉克的'恐怖分子'，"在他们再次袭击美国之前。

切尼在他的主张被证明是绝对错误的情况下，仍继续以同样的方式行事。尽管世界主要权威机构宣布伊拉克与9/11事件无**关**，**而且伊拉克境内没有塔利班**战士，但切尼继续撒谎，直到联合国前首席武器检查员汉斯-
布利克斯与他断绝关系，中央情报局向美国参议院报告，没有发现伊拉克、塔利班和9/11事件之间的联系。

事实上，根据中央情报局的报告，侯赛因憎恨塔利班，多年前就把他们赶出了伊拉克。我们公布这些信息，是希望美国人民在下一次他们的总统想把他们卷入战争的时候，不会那**么容易受骗**。我们也希望美国人民知道，他们正被一个外国智**囊**团严重误导，该智囊团在众多问题上不断误导他们。

让我们看看其中的一些问题，希望美国人民不再被聪明的"传播者 "所欺骗。

美国人民在五次重大战争中被严重误导，这对任何国家来说都应该是足够的。但不幸的是，美英飞机对伊拉克和塞尔维亚的不停轰炸表明，美国人民没有从海湾战争以及战争的**开始**过程中吸取任何教训，他们被以最应受谴责的方式欺骗和操纵了。

第二次海湾战争充分证明了塔维斯托克的方法仍然有效，以至于布什政府采用了公然的谎言，因为他们知道即使被发现，他们的神秘主义也会被简单地忽略，因为美国人民现在已经被调教成一种永久的 "震惊"状态，不会关心对一个国家来说非常严重的情况。

对于塔维斯托克及其众多附属机构对国家、基督教右派、国会、我们的情报机构和国务院的扼制，这种扼制一直延伸到总统和我们的高层军事人员，可以做些什么？正如我以前所说，主要问题是说服广大美国人，他们和国家所发生的事情不是由于他们无法控制的情况而导致的 "时代变化"，而是一个精心**策划的阴**谋，是对我们所有未来的真正威胁，而不仅仅是 "**阴谋**"理论。

我们可以唤醒这个国家，但只有在基层做出一致努力的情况下。解决问题的办法在于教育美国人并采取统一的行动。

当务之急是教育数百万人了解秘密处理者的工作，更重要的是，他们是如何和为什么这样做的。为实现这一目标，需要采取紧急的宪法行动。有许多领先的公民，他们有权力和财力来发起草根运动。我们不想要的是第三个政党。

一个经过适当教育和协调的人民运动是将我们的国家从黑暗和邪恶势力手中夺回的唯一途径（至少在我看来）。在一场人民运动中，我们可以把美国从外国势力的控制中解放出来，这些势力是塔维斯托克研究所所服务的对象，这些外国势力一心想要摧毁美国，因为它是由我们的开国元勋组成的。

这部关于塔维斯托克研究所的作品是我关于大型组织的系

列中的**另一个**

"第一"，这些组织的名字对大多数读者来说是陌生的。塔维斯托克是美国最重要的神经中枢，自1946年在北美**开始运作以来，它已**经毒害并逐步改变了我们生活的方方面面，使之变得更糟。

塔维斯托克在塑造美国政策和世界事件方面发挥了并仍在发挥主导作用。毫无疑问，它是世界上所有精神控制和调节中心之母。在美国，它对时事进行了相当大的控制，并**直接影响到美国智囊**团的进程和方向，如斯坦福研究中心、埃萨伦研究所、沃顿商学院、麻省理工学院、哈德逊研究所、传统基金会、乔治敦大学，并且最直接地将其影响延伸到白宫和国务院。塔维斯托克对美国国内和外交政策的发展有着深远的影响。

塔维斯托克是一个为黑人贵族和那些致力于在一个世界政府内促进新世界秩序的人服务的研究中心。

塔维斯托克为罗马俱乐部、美国联邦储备委员会、三边委员会、德国马歇尔基金、蒙特佩兰协会、迪奇利集团、共济会控制室Quator Coronati和国际清算银行工作。

第二十八章

塔维斯托克如何使健康人生病

塔维斯托克的历史始于其创始人约翰-罗林斯-
里斯准将在1921年。正是里斯发展了塔维斯托克的大规模"洗脑
"方法。塔维斯托克是作为英国特勤局（SIS）的一个研究
中心成立的。

正是里斯**开**创了政治运动控制的方法，以及延续至今的精神控制技术，正是里斯和塔维斯托克教会了苏联、北越、中国和越南如何应用他的技术--
他们想知道的关于对个人或群众洗脑的一切。

里斯是已故玛格丽特-米德**和她的丈夫格雷戈里**-
贝特森的亲密知己，他们两人在塑造美国公共政策机构方面发挥了重要作用。他也是库尔特-
卢因的朋友，卢因被指控为活跃的犹太复国主义分子而被驱逐出德国。当国家社会民主党将控制德国时，莱温逃离了德国。1932年，Lewin成为塔维斯托克的主任。他在为美国人民加入第二次世界大战做准备方面发挥了重要作用。莱温负责组织了人类已知的最大的宣传机器，他将其用于反对整个德国民族。卢因的机器负责通过制造对德国的仇恨气氛来鼓动美国公众舆论支持战争。是什么让里斯的方法如此成功？基本上，是这样的。用于治疗精神病人的相同心理治疗技术可以反向应用。

它也可以被用来使健康的人精神失常。里斯在20世纪30年代**开始利用英国**军队的新兵作为小白鼠进行他漫长的系列

实验。从那里，里斯完善了大规模洗脑的技术，然后他把这些技术应用于他承诺会改变的国家。美国就是这样一个国家，它仍然是塔维斯托克的重点。里斯在1946年**开始将**他的行为矫正技术应用于美国人民。很少有人，如果有的话，意识到里斯对美国构成的极端威胁。

英国军队的心理战局是通过与丘吉尔的秘密协议在塔维斯托克创建的，远在他成为首相之前。这些协议使英国特别行动署（俗称SOE）完全控制了美国武装部队的政策，通过民间渠道行事，这些政策无一例外地成为美国政府的官方政策。

这一协议仍然坚定地存在着，今天对爱国的美国人来说，就像它成立时一样，是不能接受的。正是因为发现了这一协议，艾森豪威尔将军对   "军工联合体"手中积累的权力发出了历史性警告。

为了让我们了解塔维斯托克在美国日常政治、社会、宗教和经济生活中的影响，让我解释一下，正是库尔特-卢因这位二把手负责建立了以下美国机构，其中许多机构对美国的外交和地方政策进行了深刻的变革。

> 哈佛心理诊所

> 麻省理工学院（MIT）。

> 全国士气委员会

> 兰德公司

> 国防资源委员会

> 国家精神卫生研究所

> 国家培训实验室

> 斯坦福研究中心

> 沃顿经济学院。

> 纽约警察署

> ➤ 联邦调查局
>
> ➤ 中情局
>
> ➤ 兰德研究所

Lewin负责为这些机构和其他非常著名的研究机构挑选关键人员，包括Esalen、Rand公司、美国空军、海军、参谋长联席会议和国务院。后来，塔维斯托克对被选中在威斯康星州和密歇根州操作ELF天气变化设施的人进行调教，以抵御从俄罗斯科拉半岛操作的设施。

正是通过斯坦福和兰德这样的机构，臭名昭著的 "MK Ultra "项目[10]   。"MK   Ultra "是一项为期20年的实验，使用LSD和其他   "改变思维 "的药物，在奥尔德斯-赫胥黎和   "禁止炸弹 "运动的大师伯特兰-罗素（300人委员会中最杰出的政治家）的指导下，为中情局并代表他们进行的。

在第二次海湾战争期间，塔维斯托克训练有素的特工向美国将军米勒展示了如何使用系统性的酷刑，从关押在伊拉克阿布格莱布监狱和古巴关塔那摩湾的穆斯林囚犯那里获取 "信息"，此事一经披露，便令世界震惊和厌恶。通过这些和类似的控制心智和改变情绪的药物，莱文、赫胥黎和罗素能够对美国青年造成难以言喻的伤害，而我们作为一个国家，可能永远不会完全恢复。他们可怕的药物实验是在斯坦福研究中心、麦吉尔大学、贝塞斯达海军医院和全国各地的美军基地进行的。

值得重复的是，20世纪50年代和60年代在我们的年轻人中兴起的被称为   "新时代 "或   "水瓶座时代 "的运动，是由塔维斯托克监督的一个方案。这没有什么自

---

[10]   见*MK--仪式虐待和精神控制*, Alexandre   Lebreton, Omnia Veritas有限公司。www.omnia-veritas.com，ND

发的。裸体的出现是为了配合贬低妇女的措施。

2005年，"新   "时尚被称为
"嘻哈"，这是一种舞蹈游戏，主要由美国城市最贫穷的郊区的儿童玩。它被塔维斯托克公司接管，变成了一个自己的产业，由其专家编写
"音乐和歌词"，直到它成为唱片业的最佳利润来源之一。

里斯的方法被奥尔德斯-赫胥黎、伯特兰-罗素、阿诺德-汤因比和阿利斯泰尔-
克劳利紧紧跟随。罗素特别善于利用塔维斯托克的方法来形成他的 **"CND"运动**：反对美国核试验的 **"禁弹"运动**
塔维斯托克的   **"智囊团"**得到了美国政府的大量资助。这些机构对人口的大规模调理进行研究实验。CND运动是一个幌子，赫胥黎在背后向英国青年发放毒品。

在这些实验中，美国人民比世界上任何其他国家群体更容易成为目标。正如我在1969年和2004年所**揭示的那样**，自1946年以来，美国政府将数十亿美元投入到可称为
"秘密行动
"的项目中，即以其他名称和标题介绍实验项目，以便毫无戒心的美国人民不会对这些奢华的政府开支提出任何抗议
。

在这些塔维斯托克经验中，美国生活方式的每一个方面，它的习俗、它的传统、它的历史，都被审查，看看它是否可以受到改变。在美国的塔维斯托克机构中，我们的心理和生理生活的**每一个方面都被不断地**检查。

变革的代理人
"孜孜不倦地改变着我们的生活方式，并使这些变化看起来似乎只是我们必须适应的
"时代变化"。这些被迫的变化体现在政治、宗教、音乐、新闻的制作和报道方式、以美国女性读者为主的新闻读者的传递风格，在她们身上所有的女性痕迹都被消除了；布

什先生的演讲风格和传递方式（短小精悍的句子）伴随着"女性"一词的使用。布什的风格和演讲（短小精悍的句子）伴随着面部**扭曲和**变革代理人传授的肢体动作，他走路的方式（美国海军风格），所谓的基督教原教旨主义者在政治中的崛起，对"主义"的大规模支持，这个名单是无穷无尽的。

这些实验方案的结果、净结果决定了我们在现在和未来将如何和在**哪里生活，我**们将如何对国家和个人生活中的压力情况作出反应，以及我们国家对教育、宗教、道德、经济和政治的思考如何能被引导到"**正确的方向**"。

我们这些人已经并不断在塔维斯托克的机构中被研究。我们正在被解剖、剖析、读心，并将数据输入计算机数据库，目的是塑造和规划我们对预期的未来冲击和压力的反应。所有这些都是在未经我们同意的情况下进行的，明显违反了我们的宪法隐私权。

这些剖析结果和预测被输入国家安全局、联邦调查局、国防部情报局和参谋长联席会议、中央情报局、国家安全局的电脑中的数据库，这只是储存这些数据的几个地方。

内部和外部间谍活动之间的界限正在模糊，因为美国人民已经准备好迎接一个世界政府的到来，其中对个人的监视将**达到前所未有的水平。**

正是这种信息使联邦调查局能够在全国电视的注视下摆脱大卫-考雷什和他的大卫派，而人民却没有丝毫反应，国会也惊人地没有提出抗议。一下子，德克萨斯各州的权利被摧毁了。韦科是一个测试，看看人们在看到10修正案在他们眼前被摧毁时会有什么反应，根据资料，得克萨斯州和美国人民的行为与塔维斯托克资料中描述的完全一样；他们的行为就像羊群在草地上和平地吃草，而将带领他们走向屠宰的犹大山羊在羊群中盘旋。

卡特的国家安全顾问布热津斯基（Zbigniew
Brzezinski）在1970年出版的*新时代书籍*《*技术官僚时代*》
中预言了已经发生并一直在发生的事情。他所预言的事情
正在我们眼前发生，但人们对这些事件的险恶和致命性质
却一无所知。布热津斯基在1970年预言的现实已经成真。
我建议你阅读这本书--如果有的话--
然后像我一样，将1970年以来发生的事件与《*技术电子时
代*》中所说的进行比较。布热津斯基的预测的准确性不仅
令人吃惊，**而且相当可怕。**

如果**你仍然**怀疑，请阅读乔治-
奥威尔的《*1984*》，他是前英国军情六处的一名特务。奥
威尔不得不以虚构的形式写下他惊人的启示，以避免根据
英国《官方保密法》被起诉。奥威尔的　　　　　　　　　"新语言
"现在无处不在，而且正如他所预言的那样，没有人反对。

读者们以为奥威尔是在描述俄国，其实他是在预言一个比
布尔什维克政权更糟糕的政权的到来，即英国的新世界秩
序政府。

只要看看布莱尔政权通过的法律，就会发现自由被粉碎，
政治**异**议被粉碎，《大宪章》被烧毁，取而代之的是一套
严酷的法律，让人读来不寒而栗。有句老话说，'英国今天
去哪里，**美国明天就去哪里**'。

不管**你喜不喜**欢，布热津斯基预言，我们这些人将不再有
任何隐私权；我们生活的每一个小细节都会被政府知道，
并可以从数据库中立即调用。他说，到2000年，公民将受
到政府的控制，这是其他国家所不曾有过的。

今天，在2005年，我们处于持续的监视之下，这种监视方
式在几年前是无法想象的，第四修正案被践踏，我们对一
个巨大的国家最好的保护，10
修正案不再存在，而所有这些都是由里斯和控制塔维斯托
克研究所的社会科学家的工作促成的。

1969年，根据300人委员会的命令，塔维斯托克创建了罗马

俱乐部，这在我1969年的专著中首次报道。罗马俱乐部随后创建了北大西洋公约组织（NATO），作为一个政治联盟。

1999年，我们发现了北约的真相：它是一个由其成员国提供军事支持的政治实体。自北约成立以来，塔维斯托克一直为其提供关键人员，并继续这样做。他们撰写了北约的所有关键政策。换句话说，塔维斯托克控制着北约。

证据是，北约能够对塞尔维亚进行72个昼夜的轰炸，并且逍遥法外，尽管它违反了日内瓦四公约、海牙公约、纽伦堡议定书和联合国宪章。美国和英国人民没有对这一野蛮的行动发出任何呼声。

当然，这都是由塔维斯托克的数据库预先确定的：他们清楚地知道公众对爆炸事件会有或不会有什么反应。如果事先对公众的反应作出不利的判断，就不会有对塞尔维亚的轰炸。

正是塔维斯托克的研究被用来衡量公众对2002年对巴格达这座开放城市的巡航导弹和炸弹雨的反应，即拉姆斯菲尔德臭名昭著的   "震慑"战术。如此规模的野蛮行为之所以被允许，是因为总统和他的手下事先知道美国公众不会有任何呼声。

罗马俱乐部和北约都对美国政府的外交政策决定施加了相当大的影响，而且它们今天还在继续这样做，正如我们在克林顿和布什政府分别对塞尔维亚和伊拉克的无端攻击中看到的那样。历史提供了塔维斯托克对美国国内控制的其他例子。

第二次世界大战爆发后，美国遭受了一场预先计划好的最大规模的洗脑运动，由塔维斯托克研究所准备和执行。

这将为美国顺利进入一场与我们无关的战争铺平道路，并使反对者闭嘴。罗斯福的所有伟大演讲都是由塔维斯托克的精神控制技术人员创作的，其中许多人来自费边社。

美国人被告知，战争是由德国发动的；德国对世界和平的危险远远大于布尔什维主义的威胁。大量在美国塔维斯托克机**构工作的社会科学家被**选为领导，以说服美国人民，美国参战是未来的方向。然而，他们没有成功，直到日本在珍珠港 "被迫打**响第一**枪"。

第二十九章

拓扑心理学导致美国进入伊拉克战争

库尔特-
卢因的拓扑心理学是塔维斯托克机构的标准，被派往那里学习其方法的部分美国科学家被教授，这批人回到美国后带头开展运动，迫使美国人相信支持英国--战争的煽动者--符合我们的最佳利益。拓扑心理学仍然是诱导行为改变的最先进的方法，无论是在个人还是在大规模人群中。

不幸的是，拓扑心理学被媒体过于成功地利用，使美国匆忙进入英国人在伊拉克制造的局面，而这又是一场我们无权参与的战争。管理这个国家的职业骗子，媒体妓女，新世界秩序的一个世界政府的叛国
"发言人"，对那些说我们不应该攻击伊拉克的人使用了准确的地形心理学。

布什、贝克、海格、拉姆斯菲尔德、赖斯、鲍威尔、迈尔斯将军、切尼以及对他们俯首称臣的国会议员，以奴颜婢膝的姿态对美国人民进行了洗脑，使他们相信伊拉克的萨达姆-
侯赛因总统是一个怪物，一个邪恶的人，一个独裁者，一个对世界和平的威胁，必须被赶下台，尽管伊拉克从来没有做过任何伤害美国的事。如果关于侯赛因所做的可怕事情的指控有任何真实性，那么同样的说法也可以在威尔逊和罗斯福身上得到体现，并放大一百万倍。

塔维斯托克对美国宪法的战争已经使美国人民完全哑火，以至于他们认为美国有权攻击伊拉克并罢免其领导人，尽

管宪法明确禁止这种行动，更不用说它违反了国际法和纽伦堡议定书。正如我们以前说过的，美国人民需要一个"捏造的情况"，才会被激怒。

在第一次世界大战中，是德皇的"暴行"。在第二次世界大战中，它是珍珠港，在朝鲜，它是北朝鲜攻击美国海军的"幻影鱼雷艇"，但从未发生。

在伊拉克，是艾普尔-格拉斯皮的欺骗和谎言；在塞尔维亚，是奥尔布赖特夫人对所谓的"迫害"非法阿尔巴尼亚外国人的**"关注"**，这些人涌入塞尔维亚是为了逃避他们国家的经济苦难，这成为她自以为是地讨伐塞尔维亚的借口。

塔维斯托克为非法的阿尔巴尼亚人发明了一个新的名字；从此以后，他们被称为"科索沃人"。当然，当塞尔维亚没有任何理由，也没有伤害过美国，就被无情地轰炸了七十六个日日夜夜时，被剖析和编程的美国公众并没有反对！

对和平的真正危险来自于我们对中东国家的单边政策以及我们对社会主义政府的态度。第二次世界大战开始时，围绕国旗集会的呼吁纯粹是里斯的拓扑心理学--这在海湾战争、朝鲜战争、伊拉克（两次）和塞尔维亚都有重复。

很快又会是朝鲜。美国已经迫害这个国家超过25年了--只不过这次的借口将是朝鲜即将在美国城市投下一枚核弹！在所有这些战争中，美国人民在"爱国主义"的幌子下，屈服于塔维斯托克洗脑的巨大鼓点，其中夹杂着大量的恐惧，日夜不停地敲打着。美国人相信德国是想统治世界的"坏人"的神话；我们拒绝接受布尔什维克主义的威胁。

在对阵德国的比赛中，我们两次被鞭打得晕头转向。我们相信我们的思想控制者，因为我们不知道我们被洗脑，被操纵，被控制。我们的儿子就是这样被送到欧洲战场上为一个不属于美国的事业而牺牲。

温斯顿-丘吉尔因成功与德国缔结和平协议而将内维尔-张伯伦赶下台，成为英国首相后，丘吉尔这个尊重国际法信念的伟大典范，立即开始违反战争期间文明行为的国际法。

根据塔维斯托克理论家理查德-克罗斯曼-温斯顿的建议，丘吉尔采用了塔维斯托克计划对平民进行恐怖轰炸。(我们将看到同样的政策在伊拉克和塞尔维亚实施）。

丘吉尔命令皇家空军（RAF）轰炸德国小城弗赖贝格，这是德国和英国此类城镇名单上的一个不设防的城镇，双方在一**份**书面协议中商定，这是一个
"**开放的、不**设防的城镇"，不会被轰炸。

1940年2月27日星期二下午，皇家空军的　　　　　"蚊子"轰炸机空袭了弗赖贝格，杀死了300名平民，其中包括27名在学校操场上玩耍的儿童，可以清楚地辨认出来。

这是皇家空军对德国民用目标进行恐怖轰炸的开始；臭名昭著的塔维斯托克启发的普鲁登斯轰炸调查，只针对德国工人的住房和民用基础设施。塔维斯托克向丘吉尔保证，一旦实现摧毁65%的德国工人住房的目标，这些大规模的恐怖轰炸将使德国屈服。

丘吉尔对德国发动恐怖轰炸的决定是一种战争罪，现在仍然是一**种**战争罪。丘吉尔是个战犯，应该为他对人类犯下的狰狞罪行接受审判。

在未与法国协商的情况下轰炸德国弗赖贝格，是第二次世界大战中第一次背离文明的行为，英国政府对随后发生的德国空袭应负全部责任。在1999年3月**开始的**对伊拉克、塞尔维亚、伊拉克和阿富汗的不宣而战中，美国完全遵循了丘吉尔的恐怖战术，与丘吉尔的冷酷无情一脉相承。

库尔特-

莱文对德国的仇恨无以复加，他制定了对平民住房进行恐怖轰炸的政策。卢因是战略轰炸调查的
"之父"，他故意要摧毁65%的德国工人住宅，并不加区分地杀害尽可能多的德国平民。

由于   "轰炸机
"哈里斯和他的皇家空军重型轰炸机对德国工人住房的夜袭，德国的军事伤亡远远超过了战争中的平民损失。这是一项重大的战争罪行，一直以来都没有受到惩罚。

这掩盖了塔维斯托克关于德国开始这些恐怖袭击的宣传。实际上，只是在对柏林进行了八个星期的恐怖袭击，对平民住宅和非军事目标造成了严重破坏，并使成千上万的平民丧生之后，德国空军才对伦敦进行了报复性袭击。在希特勒直接向丘吉尔发出无数次呼吁，要求停止破坏他们的协议，而 "伟人 "对此置之不理之后，德国的报复才开始。

丘吉尔，这个说谎高手，这个完美的说谎者，在莱温的帮助和指导下，成功地说服了全世界，德国已经开始把轰炸平民作为一项蓄意的政策，而正如我们所看到的，是丘吉尔发起的。英国陆军部和皇家空军的文件反映了这一立场。与皇家空军对德国城市的破坏相比，德国空军对伦敦造成的破坏相对较轻，但世界上从未听说过。

全世界只看到伦敦被德国空袭破坏的小部分地区，丘吉尔走在废墟上，下巴突出，牙齿间紧紧咬着一根雪茄，这是蔑视的缩影！"。塔维斯托克把他教得多好啊，能把这样的事情办成。(我们在乔治-
布什身上看到了丘吉尔受影响的方式的回声，他似乎从丘吉尔那里得到了一些 "训练"）。

丘吉尔的   "斗牛犬
"角色是由塔维斯托克创造的。他的真实性格从未被揭示。对弗赖贝格的无情轰炸是对开放的、不设防的德累斯顿市进行的冷酷、野蛮、非基督教和不人道的轰炸的影子，它比广岛的原子弹袭击造成的死亡人数更多。

对德累斯顿的轰炸及其时机是   "伟人
"与塔维斯托克协商后做出的冷血决定，目的是引起   "震惊
"并给他的朋友约瑟夫-
斯大林留下深刻印象。这也是对基督教的直接攻击，计划
在大斋期进行。

在大火中轰炸德累斯顿没有任何军事或战略上的理由，而
德累斯顿正是莱温选择的目标。在我看来，在庆祝大斋节
的时候，对德累斯顿进行的燃烧弹轰炸是有史以来最令人
发指的战争罪行，当时德累斯顿挤满了从东部逃离俄罗斯
进攻的德国平民难民。然而，由于英国人和美国人被精心
编排、调教和洗脑，没有听到抗议的低声细语。战争罪犯
，"投弹手
"哈里斯、丘吉尔、莱文和罗斯福，在这一可怕的反人类罪
行中逃脱了。

2005年5月5日，在对柏林进行国事访问期间，俄罗斯总统
弗拉基米尔-普京与德国总理格哈德-
施罗德举行了一次联合会议。他告诉德国报纸《Beeld》，
盟军不能被免除第二次世界大战的恐怖，包括对德累斯顿
的轰炸。

> "他说："西方盟友并不特别人性化。"直到今天我还不明白
> ，为什么德累斯顿会被摧毁。没有任何军事上的理由。"

也许这位俄罗斯领导人不知道塔维斯托克公司及其对普鲁
登斯爆炸案的调查，该公司下令进行可怕的轰炸，但现在
这本书的读者肯定会知道为什么会发生这种野蛮而可怕的
暴行。

让我们回到里斯和他在塔维斯托克的早期工作，涉及对8万
名英国军队士兵的洗脑实验。在对这些人进行了五年的
"重新编程
"之后，里斯**确信，他**让精神稳定的人生病的系统对任何大
众群体都有效。里斯确信，他可以对大众群体进行
"治疗"，无论他们是否愿意，而且受害者甚至不知道对他

们的思想做了什么。当被问及他的行为是否明智时，里斯回答说，在开始实验之前没有必要获得 "受试者 "的许可。

事实证明，里斯和他的大师们制定的操作方法是有效的。里斯-勒温的精神操纵方法已被证明非常有效，并且在2005年的今天仍在美国广泛使用。我们正在被操纵，我们的意见正在为我们制造，所有这些都没有得到我们的许可。这种行为修正的目的是什么？这是为了对我们的生活方式进行强制改变，没有经过我们的同意，甚至没有意识到正在发生什么。

里斯从他最聪明的学生中挑选出他所谓的 "我的第一支队伍"，成为他的 "隐形大学毕业生 "的第一梯队，这些 "冲击部队 "将被安排在英国情报部门、军队、议会以及后来的SHAEF（盟军远征军最高总部）的关键岗位上。

然后，"第一小组毕业生 "完全控制了艾森豪威尔将军，后者成为他们手中的傀儡。"第一队毕业生 "被安插到美国所有的决策机构。

"第一支毕业生队伍 "做出了美国的政治决定。他们自称的 "秘密小组 "负责公开执行总统的任务。这个被称为 "秘密小组 "的小组负责在美国和世界面前公开处决约翰-F-肯尼迪总统，以便向未来的总统表明，他们必须服从从 "奥林匹克 "那里得到的所有指令。基辛格是被安排在美国政府、美国国家安全局和联邦调查局的权威职位上的许多 "第一小组毕业生 "之一。

路易斯-莫蒂默-布卢姆菲尔德（Louis Mortimer Bloomfield）少校是加拿大公民，在第二次世界大战期间领导联邦调查局的反间谍五处。在英国，是H.V.迪克斯负责将 "第一小组的毕业生 "安排在情报部门、英格兰教会、外交部和陆军部的关键位置，更不用说议会了。

塔维斯托克能够在和平时期进行战时实验，因为他掌握了所有的设施，并且通过这种经验，他能够加强对美国和英国军事和情报机构的控制。

在美国，塔维斯托克的险恶经历已经彻底、永远地改变了美国人的生活方式。当我们的大多数同胞认识到这一真相时，当他们了解塔维斯托克对我们日常生活的控制程度时，如果我们没有成为处于永久休克状态的自动机，我们才能为自己辩护。

到1942年，英国和美国的军事和情报部门的指挥结构已变得如此交织在一起，以至于不再有可能将它们分开或区分**开来。**

这导致我们的政府奉行了许多奇怪和怪异的政策，其中大部分直接违背了美国宪法和权利法案，并违背了我们在国会的民选代表所表达的我们人民的愿望。简而言之，我们的民选代表已经失去了对我们政府的控制。温斯顿-丘吉尔称这是一种 "特殊**关系**"。

在第二次世界大战结束时，来自英国和美国的一些精心挑选和剖析的高级政治和军事官员被邀请参加由里斯主持的会议。里斯告诉该小组的内容取自参加会议但要求匿名的人之一所编的保密笔记。

> "如果我们想公开解决我们这个时代的国家和社会问题，我们就需要冲击部队，而这些部队不能由完全基于机构的精神病学提供。
>
> 我们必须有流动的精神科医生团队，他们可以自由地四处走动，与特定地区的当地情况取得联系。在一个完全疯狂的世界里，相互联系的精神病学家群体，每个人都能影响整个政治和政府领域，他们必须是仲裁者，是权力的阴谋家。"

还有什么更清楚的吗？里斯主张由一群有联系的精神病学家进行无政府行为，组成他的隐形学院的第一批团队，不受社会、伦理和法律的限制，这些团队可以被转移到有精神健康的人群的地区，在里斯和他的团队看来，这些人需要通过反向心理学的'治疗'来使他们生病。任何成功抵制了大规模洗脑的社区，如 "民意调查"的结果所示，都被定义为 "健康"。

"第一小组 "之后将是 "冲击部队"，如我们在环保团体中看到的那样。这也难怪，因为环保局是由塔维斯托克的 "环境问题"创造出来的怪物，而这些问题是由塔维斯托克自己产生的，并通过冲击部队传递给环保局。

环保局并不是塔维斯托克产生的唯一生物。堕胎和同性恋是塔维斯托克创造和支持的反常现象。

由于塔维斯托克创建和支持的项目，我们在美国遭受了我们的道德生活和宗教生活的可怕堕落；摇滚乐的反常使音乐堕落，在披头士乐队相对温顺的介绍之后，说唱和嘻哈逐渐变坏；艺术的毁灭，正如我们在马普勒索普堕落的嘲笑对象中看到公共广播公司所推动的。我们看到毒品文化的泛滥和对金牛犊的崇拜加剧。在任何文明中，对金钱的**渴求从来没有像在**这个文明中这样强烈。

这些都是塔维斯托克政策在我们社会中植入的苦果，这些 "隐形毕业生 "已经成为学校董事会成员，并在我们的教会中潜入领导岗位。他们还在城市和州一级的重要政治职位上插手，只要能感受到他们的影响。

这些 "毕业生 "已经成为劳工调解委员会、学校董事会、大学董事会、工会、军队、教会、通信媒体、娱乐媒体和公务员以及国会的成员，以至于对于受过训练的观察者来说，塔维斯托克已经接管了政府的统治。

里斯和他在塔维斯托克的同事们的成功超出了他们最疯狂的梦想，控制了政府所依赖的关键机构。父母--

300人委员会--
一定对新生的罗马俱乐部所取得的进展感到高兴。

七月四日已经变得毫无意义。不再有任何美国　　　　"独立"可以庆祝。1776年的胜利被否定了，基本上被逆转了，美国宪法被否定而支持新世界秩序只是时间问题。在G.W.布什的任期内，我们看到这一进程正在加速。

第三十章

在选举中不选择候选人

让我们来看看选举是如何进行的。美国人民并不投票选举
总统。他们投票给该党的民选官员选择的党内候选人，通
常是在300人委员会的完全控制下。

这不是像我们经常被告知的那样，在自由选择下投票给候
选人。事实上，选民别无选择，只能从预选的候选人中选
择。

公众认为他们通过选择（我们的选择）投票给的候选人已
经被塔维斯托克研究所仔细审查过，然后我们被洗脑，认
为他们是贤明的。

这种印象或声音片段是在塔维斯托克大学毕业生丹尼尔-
扬克洛维奇（Daniel
Yankelovich）经营的扬克洛维奇、斯卡利和怀特等智囊团
的工作室里创造的。塔维斯托克控制的　　　　　　　"智囊团
"告诉我们如何以他们选择的方式投票。自扬科维奇出现以
来，"剖析
"行业的数量已经激增到一百五十多个这样的机构。以詹姆
斯-厄尔-卡特和乔治-
布什为例。卡特从相对默默无闻的地方脱颖而出，"赢得
"了白宫，媒体大亨们说，这证明了美国的制度是有效的。

事实上，卡特的当选证明了塔维斯托克掌管着这个国家，
可以让大多数选民投票给一个他们几乎一无所知的人。对
于卡特，以及后来对于威廉-杰斐逊-克林顿，说
"这个系统起作用了"，正是塔维斯托克期望从被大规模洗

脑的人群中得到的不充分的回应。

卡特所反映的是，选民会投票给预先为他们选定的候选人
。没有一个正常人会希望乔治-布什这个 "**骷髅头**
"做他们的副总统，但我们却得到了布什。卡特是如何进入
白宫的？事情是这样的。塔维斯托克的内部社会心理学家
彼得-
伯恩博士的任务是找到一个塔维斯托克可以操纵的候选人
。换句话说，伯恩必须根据塔维斯托克的规则找到 "**合适**
"的候选人，一个可以卖给选民的候选人。

伯恩知道卡特的背景，就把他的名字提出来考虑。一旦卡
特的记录被批准，美国选民就会被
"对待"，即接受持续的洗脑运动，说服他们找到卡特作为
他们的选择。事实上，当塔维斯托克完成他的工作时，已
经没有任何真正的必要进行选举了。这成为一种单纯的形
式。**卡特的**胜利是里斯个人的胜利，而布什的胜利则是塔
维斯托克方法论的胜利。一个更大的成功故事是随着威廉-
杰斐逊-
克林顿作为白宫候选人的出售而发生的，这在任何其他国
家都是不可能实现的。

然后是出售乔治-W-
布什，一个失败的商人，他避免了在越南当兵，没有什么
领导经验。

塔维斯托克不得不站出来，但即使这样也是不够的。当确
定布什不会获胜时，美国最高法院非法干预了一个州的选
举，并将奖项授予失败者。

目**瞪口呆（震惊）的**选民允许这一大规模违反美国宪法的
行为通过，确保他们的未来将处于新世界秩序中--
一个统一的共产主义国际独裁的世界政府。

里斯继续发展塔维斯托克的业务基地，吸收了多温-
卡特赖特（Dorwin
Cartwright），他是一位技艺高超的人口分析专家。他的专

长之一是测量人口对食物短缺的反应。目的是在对不愿意遵守塔维斯托克规则的人群使用食物武器时获得经验。

塔维斯托克是这样计划的：国际粮食卡特尔将垄断世界粮食资源的生产和分配。饥荒是一种战争武器，气候变化也是如此。塔维斯托克将在时机成熟时毫无节制地使用饥荒这一武器。为了继续塔维斯托克的扩张，里斯招募了罗纳德-利珀特。

塔维斯托克在雇用利珀特时的想法是在未来的教育控制中获得一个立足点，从幼儿开始。利珀特是操纵年轻人思想的艺术专家。他曾是美国国家安全局的特工，是一位技艺高超的理论家，也是种族混合作为削弱国家边界的手段的专家。在塔维斯托克定居后，利珀特开始了他的工作，成立了一个 "智囊团"，专门研究他所谓的 "社区相互**关系**"，其中包括研究打破自然**种族障碍的方法**。

所谓的 "民权"立法纯粹是里斯和利珀特的创造，在事实上没有任何宪法依据。

(**关于所谓** "公民权利 "的全面解释，见 "**你需要了解的美国**宪法"）。

顺便说一句，我不得不说，美国宪法中所有的民权立法都是基于第14修正案，但问题是，第14修正案从未被批准。所以它不是美国宪法的一部分，所有基于它的法律都是无效的。事实上，宪法中并没有关于公民权利的规定。

利珀特为马丁-路德-金的 "公民权利"**确立了理由，尽管在**联邦宪法中没有依据。把孩子们从学校里**运出来是李佩尔-**里斯洗脑的另一项成功。将儿童运送到目的地以外的地方，当然不是一**种** "权利"。为了向美国普通民众推销 "民权"的概念，成立了三个 "智囊团"。

> 科学政策研究中心

> 社会调查研究所

> 国家培训实验室

通过科学政策研究小组，李柏特能够将数千名被他洗脑的"毕业生
"安排在美国、西欧（包括英国）、法国和意大利的**关**键岗位上。今天，英国、法国、意大利和德国都有社会主义政府，其基础是由塔维斯托克奠定的。

来自美国最富盛名的公司的数百名高层管理人员曾在利珀特的一个或多个机**构接受培**训。国家培训实验室控制了两百万人的国家教育协会，这一成功使他们完全控制了美国学校和大学的教学。

但对美国最深刻的影响也许来自于塔维斯托克对美国国家航空航天局的控制，部分原因是阿纳托尔-
拉帕波特博士为罗马俱乐部撰写的关于美国国家航空航天局太空计划的特别报告。这份令人震惊的报告是在1967年5月的一次研讨会上发表的，只有来自工业化程度最高的国家的公司和政府的最高层的最精心挑选和分析的代表被邀请参加。

与会者包括外交政策研究所的成员，而国务院则派出水瓶座时代的阴谋家兹比格涅夫-
布热津斯基作为观察员。在其最终报告中，塔维斯托克控制的研讨会嘲笑美国国家航空航天局的工作
"不合**适**"，并建议立即停止其太空计划。美国政府顺从地切断了资金，这使美国国家航空航天局搁置了9年，而苏联的太空计划赶上并超过了美国。

拉帕波特关于美国航空航天局的特别报告指出，该机构正在生产
"太多的技术人员，太多的科学家和工程师"，他们的服务在罗马俱乐部规定的更小、更漂亮的后工业社会中不需要

。拉**帕波特**称我们高度熟练和训练有素的空间科学家和工程师是
"多余的"。美国政府，正如我已经指出的，似乎是在塔维斯托克的控制之下，然后切断了资金。对美国国家航空航天局的干预是英国如何控制美国国内和外交政策的一个完美例子。

塔维斯托克皇冠上的宝石是科罗拉多州的阿斯彭研究所，该研究所多年来一直在罗伯特-
安德森的领导下，他是芝加哥大学的毕业生，在美国的洗脑工作中居于领先地位。阿斯本设施是罗马俱乐部的北美总部，该俱乐部教导人们，恢复君主制对美国非常有利。
另一位塔维斯托克大学的毕业生约翰-内斯比特（John Nesbitt）在阿斯彭举行了相当定期的研讨会，在这些研讨会上，主要的商人们都在推动建立君主制。

内斯比特的学生之一是威廉-杰斐逊-
克林顿，当时已经被认为是总统候选人。奈斯比特和安德森一样，被英国皇室所迷惑，追随他们对假生态的宣泄性学说。

哲学激进派将博戈米尔人和天主教徒的信仰引入英国的社会主义圈子。安德森的门徒是玛格丽特-撒切尔和乔治-
布什，他们在海湾战争中的行动表明，塔维斯托克已经做了相当好的功课。安德森是被愚弄和洗脑的　"毕业生领袖"的典型。他的专长是向商业领袖的目标群体教授环境教育。

环境问题是安德森的强项。虽然安德森用自己巨大的财力资助他的一些活动，但他也收到来自世界各地的捐款，包括伊丽莎白女王和她的丈夫菲利普亲王的捐款。安德森创立了环境活动家运动"地球之友"和"联合国环境会议"。

除了在阿斯本的工作外，安德森先生还是大西洋富田公司（Atlantic Richfield Company-ARCO）的总裁兼首席执行官，该公司的董事会成员包括

以下知名人士。

杰克-康威。

人们对他印象最深的是他为联合呼吁基金所做的工作，以及作为社会主义国际的福特基金会的主任，这两件事都是最不可能的非美国人。康威也是变革中心的主任，这是一个专门研究塔维斯托克冲击部队的信息交流中心。

菲利普-霍利。

他是洛杉矶 "霍利和黑尔 "公司的总裁，该公司与 "泛美"公司有联系，该公司专门制作反基督教、反家庭、支持堕胎、支持女同性恋、支持毒品的电影。霍利与美国银行有联系，该银行资助民主制度研究中心，这是一个典型的塔维斯托克洗脑智囊团，用于促进毒品使用和毒品合法化。

乔尔-福特博士。

这位英国国民堡，与大卫-阿斯特阁下和皇家国际事务研究所（RIIA）所长马克-特纳爵士一起，是《伦敦观察家报》的董事会成员，其卑鄙的美国仆人是亨利-基辛格。

皇家国际事务研究所(RIIA)

对外关系委员会（CFR）作为姐妹组织成立，美国事实上的中层秘密政府是300人委员会的执行机构。1982年5月，基辛格自豪地宣布塔维斯托克对美国的控制。

这个场合是为RIIA的成员举行的晚宴。基辛格赞扬了英国政府，正如人们对一个塔维斯托克大学毕业生的期望。基辛格用他最好的低沉声音说："在白宫的时候，我让英国外交部比美国国务院更了解情况。"

三家利普特研究所的共同点是最初在塔维斯托克教授的洗脑方法。所有这三个利珀特研究所都由政府拨款资助。在这些机构中，主要的政府行政人员和政策制定者已经并正在接受培训，以破坏美国基于西方文明和美国宪法的既定生活方式。其目的是要削弱并最终瓦解构成美国基础的机**构。**

全国教育协会

利珀特对全国教育协会的控制程度，可以从其被洗脑的教师成员按照领导层的指示全盘投票给威廉-杰斐逊-克林顿来衡量。

康宁集团。

该公司将怀伊种植园捐赠给阿斯彭研究所，该研究所成为新时代新兵和   "冲击部队"的主要训练场。Coming公司的副总裁詹姆斯-霍顿是华尔街摩根担保和信托公司的皮埃点摩根家族的信使。摩根**每天直接从**伦敦收到RIIA的简报，这些简报成为传递给美国国务卿的指令。

前财政部长威廉-福勒是康**宁**-阿斯彭接口的一部分。他是将美国财政政策移交给国际货币基金组织（IMF）的主要倡导者，并一直推动国际清算银行控制美国国内银行业务。重要的是，怀伊种植园是被称为《怀伊协定》的阿以和平谈判的地点。

行政会议中心。

在罗伯特-施瓦茨（Robert L. Schwartz）的指导下，这个"专门的培训中心"是按照艾萨伦学院的思路运作的。

施瓦茨在埃萨伦研究所工作了三年，并与塔维斯托克第一个   "受人尊敬的   "毒品文化推手奥尔德斯-赫胥黎密切合作，负责向美国学生介绍LSD。施瓦茨也是人类学家玛格丽特-米德和**她的丈夫格雷戈里**-贝特森的亲密朋友。离开斯坦福和Esalen后，施瓦茨搬到了玛丽-比德尔-杜克的威彻斯特庄园Terrytown House，在那里，他利用IBM和AT&T的主要资助，开设了高管会议中心，这是第一所为来自美国工业、商业和银行等各个领域的企业高管开设的水瓶座和新时代的全日制

"研究生学校"。

数以千计的美国公司高级管理人员和经理，特别是财富500强公司，商业界的精英，已经支付了750美元/人，在施瓦茨、米德、贝特森和其他塔维斯托克洗脑者举办的研讨会上接受水瓶座时代方法的培训。

施瓦茨曾一度与科学论派紧密结盟，他也是《时代》杂志的编辑。

阿斯本研究所

- 新时代中心得到了IBM和AT&T的慷慨资助。

没有机会接触到这种信息的美国人很难相信，IBM和AT&T这两个美国企业界的大人物会与精神控制、洗脑、行为矫正和超凡冥想、巴哈教的敏感性训练、禅宗、逆向心理学以及其他所有新时代的东西有任何关系。

- 水瓶座时代的计划是为了打破美国人民的道德，削弱家庭生活。基督教没有被教导。

大多数美国人心中都会产生疑虑，因为他们不知道美国公司在国内外的统治方式对美国宪法和权利法案的危害程度。没有美国企业，我们就不会有越南战争、海湾战争、对塞尔维亚的战争和对伊拉克的第二次战争。卡特和克林顿也不会有机会坐在白宫里！

如果这里写的东西不准确，这些公司总是可以否认其真实性，但到目前为止，他们没有这样做。如果发现许多对美国公**众来**说家喻户晓的企业巨头正把他们的高层管理人员送去接受施瓦茨、米德、贝特森、约翰-内斯比特、卢因、卡特赖特和其他来自塔维斯托克的行为矫正和精神控制专家的洗脑，这将是令人震惊的。在行政会议中心，商业领袖们见到了约翰-奈斯比特，他效忠于黑人贵族和圭尔夫家族，也就是更著名的温莎家族；RIIA、米尔纳集团-圆桌会议、罗马俱乐部和阿斯彭研究所。奈斯比特是英国政府用来指导美国和外交政策的代理人的典型。

奈斯比特是一个坚定的君主主义者，也是罗马俱乐部关于工业，特别是重工业零增长的专家。他相信后工业化的零增长，以至于让世界回到封建国家。在他的一次洗脑中，他告诉美国著名的企业高管。

> "美国正在走向像英国一样的君主制，走向国会、白宫和最高法院将只是象征性和仪式性的政府体系。这将是真正的民主；美国人民并不**关心**谁是总统；反正他们中有一半人不投票。美国的经济正在脱离民族国家的经济，走向越来越小的权力中心，甚至是多个国家。我们需要用地理和生态的思维方式取代民族国家"。

> "美国将远离重工业活动的集中地。汽车、钢铁、住房将永远不会再重生。水牛城、克利夫兰、底特律，这些老的工业中心将会死去。我们正在走向一个信息社会。现在和将来都会有很多痛苦，但总体而言，这个经济比十年前做得更好。"奈斯比特实际上是在呼应达维尼翁伯爵在1982年所**表达的**观点。

第三十一章

农业和工业的零增长：美国的后工业化社会

1983年，我写了一篇题为 "钢铁工业的死亡"的专著，其中我详细介绍了罗马俱乐部的法国贵族艾蒂安-**达**维尼翁是如何负责缩小美国钢铁工业的规模。

在出版时，许多人持怀疑态度，但根据有关罗马俱乐部的信息--

在我1970年发表同名文章之前，大多数美国人和国际历史学家从未听说过这个俱乐部--

我确信奈斯比特的预言可以实现，在接下来的七年里，它**确**实实现了，尽管不是在所有方面。尽管奈斯比特的某些部分预测是错误的--他们的时代还没有到来--

但在许多方面，他对我们的秘密政府的意图是正确的。

参加塔维斯托克欧共体洗脑会议的工业界大佬们，没有一个人认为应该对内斯比特的话提出抗议。既然如此，我怎**么能指望像我**这样一个从未听说过的无名作家有任何影响？

塔里镇大厦的行政会议和培训课程证明，里斯的洗脑技术是无懈可击的。这是一个由工业界领袖、美国商界精英参加的论坛，他们非常乐意参与美国钢铁业的消亡，牺牲使美国成为一个伟大工业国家的独特的国内市场，撕毁宪法和权利法案，并采取种族灭绝计划，要求消灭世界一半的人口。用东方神秘主义和卡巴拉取代基督教；为那些会导致国家道德崩溃和家庭生活破坏的项目喝彩；未来的巴尔干化美国。

看看今天2005年的美国状况，没有人能够否认，里斯和他的塔维斯托克方法在给我们的商业领袖、政治和宗教领袖、法官和教育工作者以及国家的道德卫士洗脑方面做了惊人的工作，更不用说美国众议院和参议院了。

1974年，麻省理工学院（MIT）的哈罗德-艾萨克森（Harold Isaacson）教授在他的《部落的偶像》（*Idols of the Tribe*）一书中，将塔维斯托克将墨西哥、加拿大和美国合并为类似巴尔干的国家的计划暴露无遗。我提醒我的读者，麻省理工学院是由库尔特-卢因创立的，就是那个因为洗脑实验而被赶出德国的库尔特-卢因；就是那个策划战略轰炸调查的卢因；里斯的头号理论家。

艾萨克森所做的只是以一种比斯坦福-威利斯-哈蒙对水瓶座的研究更可读、更详细的方式阐述了水瓶座的计划。1981年，七年后，艾萨克森的想法（塔维斯托克水瓶座计划）被《华盛顿邮报》的编辑、温莎公社和罗马俱乐部的发言人乔尔-加洛介绍给公众。加洛的演讲题目是"北美的九个民族"。加洛对塔维斯托克的未来美国计划的版本提供了。

> 钢铁工业的死亡和东北工业的衰落以及 "东北民族"的建立。

> 迪克西，南方的新兴国家。

> Etopia，由太平洋西北地区的沿海边缘组成（威利斯-哈蒙在他**关于水瓶座**时代的文章中使用了"生态托邦 "这个词）。

> 美国西南部的平衡要与墨西哥结合起来，作为一个

粮仓地区。

➤ 中西部地区将被称为"空白区"。

➤ 加拿大的部分地区和岛屿将被指定为
"特殊用途"。(也许这些领土将成为未来 "古拉格
"的所在地，因为我们已经看到了不可想象的事情--
关塔那摩湾监狱重建中心，那里实际上正在实施精
神控制和酷刑）。

在所有这些后发地区，将没有大城市，这与 "生态乌托邦
"相悖。为了确保每个人都明白他在说什么，加洛在他的书
中赠送了一张地图。问题是，美国人民没有认真对待加洛
。这正是塔维斯托克所期望的他们的反应方式，他称之为
"完美的不合群反应"。

美国右派是在洛克菲勒家族、沃伯格家族、共济会、光明
会、对外关系委员会、美联储阴谋和三边委员会的影响下
成长起来的。关于其内部工作，发表的文章不多。

当我在1969年**开始**发表我的研究报告时，美国人民大多没
有听说过300人委员会、西尼基金会、马歇尔基金、罗马俱
乐部，当然也没有听说过塔维斯托克研究所、威尼斯和热
那亚的黑人贵族。以下是美国的塔维斯托克洗脑机构名单
，这些机构在我1969年出版的专著中都有报道。

➤ 斯坦福研究中心。雇用4,300人，年度预算超过2
亿美元。

➤ 麻省理工学院/Sloane。雇用了5000人，年预算
为2000万美元。

➤ 宾夕法尼亚大学沃顿商学院。雇用700至800人
，年度预算超过3500万美元。

➤ 管理和行为研究。雇用40人，年度预算为200万
美元。

➤ 兰德公司。雇用了2000多人，年度预算为1亿美

元。

➢ 国家培训实验室。雇用了700人，年度预算为30
00万美元。

➢ 哈德逊研究所。雇用120至140人，估计年度预
算为800万美元。

➢ 埃萨伦研究所。雇用了1800至2000人，年度预
算超过5亿美元。

(所有数字来自1969年)

因此，仅在美国，到1989年，我们已经有了一个由10-20个主要机**构**组成的塔维斯托克网络，加上400-500个中型机**构**和5000多个相互**关**联的卫星小组，所有这些都围绕着塔维斯托克。他们总共雇用了6万多人，以这种或那**种方式**专门从事行为科学、精神控制、洗脑、民意调查和舆论制造。

所有的人都在与美国、我们的宪法和权利法案作对。

自1969年以来，这些机构得到了扩大，并有大量的新机构加入了网络。它们的资金不仅来自于大量的私人和企业捐款，而且也来自于美国政府本身。塔维斯托克的客户包括。

➢ 国务院

➢ 美国邮政服务

➢ 国防部

➢ 中情局：美国海军的海军情报部

➢ 国家侦察局

➢ 国家安全委员会

➢ 联邦调查局

➢ 基辛格事务所

➤ 杜克大学

➤ 加利福尼亚州的情况

➤ 乔治敦大学和其他许多学校。

塔维斯托克的客户包括个人和公司。

➤ 惠普公司

➤ RCA

➤ 齐勒巴赫王冠

➤ 麦当劳-道格拉斯

➤ IBM、微软、苹果电脑、波音公司

➤ 凯撒工业

➤ TRW

➤ Blythe Eastman Dillon

➤ Wells Fargo 美国银行

➤ Bechtel Corp

➤ Halliburton

➤ 雷神公司

➤ McDonnell Douglas

➤ **壳牌石油公司**

➤ 英国石油公司

➤ 康科公司

➤ 埃克森美孚

➤ IBM和AT&T。

这绝不是一份完整的清单，塔维斯托克公司对其严加保护。这些只是我能够得到的名字。我要说的是，大多数美国人完全不知道他们正处于一场自1946年以来对他们发动的全面战争中；这是一场具有破坏性规模和无情压力的战争；这是一场我们正在迅速失去的战争，除非美国人民能够从 "这不可能发生在美国"的先入为主的立场中动摇出来，否则我们将被淹没。

第三十二章

揭示秘密平行政府的最高级别

打败这个强大而阴险的敌人的唯一方法是用宪法教育我们的人民，特别是我们的年轻人，并坚定我们的基督教信仰。否则，我们无价的遗产将永远失去。必须打破塔维斯托克对这个国家的权力。

希望这本书能成为数以百万计的美国人的培训手册，这些人想与敌人作战，但至今仍无法识别这个敌人。

秘密社团控制的政治势力都反对美国的共和和宪政理想，他们不喜欢任何试图揭露塔维斯托克研究所和他们对美国不忠的事情，更不用说当这种揭露不能被嘲笑和忽视的时候。当然，那些致力于**揭露我**们的秘密政府行为的人无一例外地要为这种揭露付出高昂的代价。

任何对美国的未来感兴趣的人都不能忽视塔维斯托克研究所操纵美国人民和政府的方式，而大多数美国人仍然对发生的事情一无所知。随着我们的秘密、平行、顶级政府几乎完全控制了我们的国家，美国已经不再是一个自由和独立的国家。我们衰落的开始一般可以追溯到伍德罗-威尔逊被英国贵族 "选举 "的时候。

塔维斯托克最近在美国的大部分活动都是围绕着白宫进行的，并促使前总统布什、前总统克林顿和总统G.W.布什参与对伊拉克的战争。塔维斯托克正在领导破坏第二修正案规定的公民持有和携带武器的权利的运动。

这也有助于告知立法机构的主要成员，他们不再需要美国宪法，因此通过的大量新法律根本就不是法律，因为它们不符合合宪性测试，因此根据美国宪法，按照开国元勋的意图，这些法律是无效的。

塔维斯托克仍然是美国和英国所有研究机构之母，是行为矫正、精神控制和意见形成技术的领导者。

位于**圣莫尼卡的**兰德研究所在塔维斯托克的指导下，创造了被称为 "厄尔尼诺"的现象，作为气候改造实验的一部分。塔维斯托克还大量参与新时代UFO实验和外星人目击，作为他与中央情报局签订的精神控制合同的一部分。

兰德研究所负责洲际弹道导弹计划，并为外国政府进行初级分析。在美国国务院的帮助和支持下，兰德公司和塔维斯托克公司成功地对南非的白人人口进行了剖析，以测试共产主义非洲人国民大会接管的条件。在白人政府倒台的序幕中发挥了主导作用的 "主教 "德斯蒙德-图图是塔维斯托克的创造。

乔治敦大学在1938年被塔维斯托克公司全部接管。它的结**构和方案被重新格式化，以适**应塔维斯托克智囊团作为高等教育中心的计划。考虑到克林顿先生正是在乔治敦大学学会了他的大规模操纵和伪装的艺术，这对美国具有重大意义。

国务院所有外地官员都在乔治敦接受培训。其最著名的三名毕业生是亨利-基辛格、威廉-杰斐逊-克林顿和理查德-阿米蒂奇。乔治敦的 "隐形军队"忠臣对美国造成了难以言喻的伤害，无疑将充分发挥他们的作用，直到最后，他们将被连根拔起，暴露出来，变得无害。

一些针对美国的最恐怖和最可怕的行动是在塔维斯托克策**划的。我指的是**贝鲁特机场的海军陆战队驻地被炸，这使我们最优秀的年轻军人中的200人丧生。据报道，有一个人知道黎巴嫩恐怖分子即将发动的袭击：国务卿乔治-

舒尔茨。根据当时未经证实的报道，舒尔茨被以色列特工机**构摩**萨德告知了这次袭击。

如果舒尔茨收到了这样一个及时的警告，他从未将其转达给贝鲁特的海军陆战队基地指挥官。舒尔茨过去是，现在也是，通过贝氏公司为300人委员会提供的忠实服务。

然而，在我表**达了**对舒尔茨和贝希特尔的怀疑一年后（1989年），一位心怀不满的摩萨德高级特工打破了僵局，写了一本**关于他的**经历的书。

这本书的部分内容与我一年前发表的信息相同，这使我相信，我在1989年对舒尔茨的怀疑并非完全没有根据。整个事件让我想起了马歇尔将军的背叛行为，他故意向夏威夷的指挥官隐瞒日本即将对珍珠港发动空袭的信息。

越来越多的证据表明，塔维斯托克在中央情报局的投入和**影响越来越大**。许多其他情报机构接受塔维斯托克的指示，包括国家侦察办公室（NRO）、国防情报局（DJA）、财政部情报局和国务院情报局。

每年在约翰-F-
肯尼迪总统遇刺的周年纪念日，我都会想起在策划公开处决他的过程中所发挥的突出作用，特别是军情六处所发挥的作用。在对肯尼迪遇刺事件进行了20年的广泛调查后，我相信我已接近真相，详见专著《约翰-肯尼迪总统遇刺》。

肯尼迪总统被谋杀的悬案仍然是对美国所代表的一切的严重侮辱。我们，一个所谓的自由和主权国家，怎么会允许犯罪行为年复一年地被掩盖呢？我们的情报机构知道谁是这一罪行的肇事者吗？我们当然知道，肯尼迪的谋杀是在光天化日之下当着数百万美国人的面进行的，作为一种侮辱和警告，300人委员会的影响力远远超出了我们最高当选官员所能抵御的范围？

犯罪者嘲笑我们的困惑，确信他们永远不会被绳之以法，并为他们犯罪行为的成功和我们人民无法刺破掩盖他们面孔的公司面纱而感到自豪。

对肯尼迪刺杀事件的大规模掩盖仍在进行中。我们掌握了**众**议院暗杀委员会如何失职的所有细节，无视确凿的证据，紧紧抓住站不住脚的谣言；无视在贝塞斯达医院拍摄的肯尼迪头部X光片被篡改这一明显事实。

300人委员会及其仆人塔维斯托克研究所的罪状不胜枚举。为什么参议院委员会没有努力调查肯尼迪死亡证明的奇怪失踪；这是一个重要的证据，无论花多长时间，无论花多少钱，都应该找到。签署证书的海军军官伯克利上将也没有被认真询问有关这一重要证据的奇怪--非常奇怪--无故消失的情况。

我必须把谋杀约翰-
肯尼迪的话题（我相信这是一个与塔维斯托克有关的项目）留给军情六处和联邦调查局第五处的负责人路易斯-
莫蒂默-
布鲁姆菲尔德少校。中情局是塔维斯托克的客户，其他许多美国政府机**构也是如此。在案**发后的几十年里，这些机**构中没有一家停止与塔**维斯托克的业务往来。事实上，塔维斯托克的客户名单上已经增加了许多新的政府机构。

翻阅我的文件，我发现在1921年，当里斯创立塔维斯托克时，它是在英国特工部门SIS的控制之下。

因此，从一**开始，塔**维斯托克就一直与情报工作密切相关，直到今天也是如此。鲁道夫-赫斯（Rudolph Hess）一案对我们的一些读者来说可能不只是次要的兴趣。人们会记得，赫斯在被释放的前一天晚上，在斯潘道监狱的牢房里被两名SIS特工谋杀。

RIIA担心赫斯会**揭开一直以来作**为黑暗秘密的盖子；英国寡头政治成员--包括温斯顿-丘吉尔--与德国遒力会之间的密切关系，赫斯曾是该组织的领导人。

塔维斯托克研究所是以塔维斯托克侯爵的贝德福德公爵的名字命名的，这一事实不仅仅是有趣。这个头衔传给了他的儿子，贝德福德的女侯爵（12 ）。正是在他的庄园里，赫斯登陆了，试图结束战争。但丘吉尔不听，命令逮捕赫斯并将其监禁。贝德福德公爵的妻子在得知赫斯即使在战争结束后也不会被释放时，服用了过量的安眠药而自杀。

在我的作品 《谁刺杀了鲁道夫-赫斯》和《造王者，破王者--塞西尔家族》中，我**揭示了与赫斯和希特勒核心圈其他重**要成员的这种虚拟亲属关系在第二次世界大战爆发前是多**么密切。如果赫斯成功完成了与**贝德福德公爵的任务，丘吉尔和几乎整个英国的寡头政治就会被揭露为骗子。

如果赫斯没有作为单独的囚犯被关押在柏林的斯潘道，在二战结束后被来自英国、美国和苏联的军队违反所有逻辑并以巨大的代价（估计每天50,000美元）当场监禁多年，也会发生同样的情况。

因为变化中的俄罗斯觉得它可以让美国和英国尴尬--尤其是英国，它突然宣布将释放赫斯。英国人无法承担让他们的军阀暴露的风险，因此下令杀死赫斯。

塔维斯托克为这些人提供险恶的服务，这些人在美国各大城市都有。他们将这些城市的领导人物掌握在手掌中，无论是警察、市政府还是其他任何机构。

每个城市的情况也是如此，光照派和共济会与塔维斯托克一起行使他们的秘密权力，践踏宪法和权利法案。

人们不禁要问，今天有多少无辜的人因为没有被告知他们的宪法和权利法案而被关进监狱；他们都是塔维斯托克的受害者。仔细观看电视系列片 "COPS"。

这是一份关于精神控制和意见形成的标准塔维斯托克文件。它包含了对被警察逮捕或拘留的人的宪法权利的各种可能的侵犯。我坚信，COPS的目的是让公众相信，我们所看到的严重侵犯权利的行为是正常的，警察确实有过度的权力，**每个公民有**权获得的宪法保障在实践中并不存在。COPS计划是一个最阴险的洗脑和舆论控制计划，如果发现塔维斯托克参与这个计划的某个地方，一点也不奇怪。

第三十三章

美国的国际刑警组织：揭示其起源和目的

塔维斯托克为许多国际机构提供服务，其中包括大卫-洛克菲勒的私人情报机构，也就是更有名的国际刑警组织。允许这个非法实体继续在华盛顿特区的联邦财产上并在政府的保护下运作，这完全违反了其法律义务。(美国法律禁止外国私人警察机构在美国运作。国际刑警组织是一个在美国领土上运作的私营外国警察机构，而国会却视而不见，以免有一天被迫抓住这根讨厌的荨麻，把它连根拔起)。

什么是国际刑警组织？美国司法部试图通过回避关键问题来解释国际刑警组织。根据其1988年的手册。

> "国际刑警组织在政府间基础上运作，但并不以国际条约或公约或类似法律文件为基础。它是建立在一群警察制定和起草的宪法之上的，他们没有将宪法提交给外交人员签字，也从未将宪法提交给政府批准"。

多么有趣！多么好的承认啊！如果国际刑警组织没有践踏美国宪法，那么就没有什么可以践踏了。众议院和参议院的监督者在**哪里？他**们是否害怕塔维斯托克及其强大的支持者大卫-洛克菲勒？国会害怕300人委员会吗？至少看起来是这样的。国际刑警组织是一个在美国境内运作的非法实体，没有得到我们人民的认可和批准，明显违反了美国宪法和所有50个州的宪法。

其成员是由各国政府任命的，没有与美国政府进行任何协商。该成员名单从未提交给众议院或参议院委员会。

它在美国的存在从未受到条约的制裁。这导致了一系列指控，即一些毒品控制的政府--
哥伦比亚、墨西哥、巴拿马、黎巴嫩和尼加拉瓜--
可能正在选择参与毒品交易的人作为他们的代表。

根据美国司法部国家中心局（NCB）的贝弗利-
斯韦特曼（NCB的存在本身就违反了宪法）的说法，这个美国政府机**构的存在只是**为了与国际刑警组织交换信息。

国际刑警组织由大卫-
洛克菲勒拥有和控制，是一个拥有全球通信网络的私营机**构，以这样**或那样的方式大量参与从阿富汗到巴基斯坦到美国的毒品贩运。

巴拿马的尼瓦尔多-马德林中校、哥伦比亚的吉列尔莫-
梅迪纳-
桑切斯将军和墨西哥联邦警察中具有国际刑警地位的某些人员的互动都指向了这个方向。他们在为国际刑警组织服务时参与贩毒的故事太长了，在此不再赘述，但只需说这是一个肮脏的故事。

然而，尽管国际刑警组织是一个私人组织，但它在1975年被联合国授予
"观察员地位"，允许它（完全违反《联合国宪章》）参加会议并对决议进行投票，尽管它不是联合国成员国的组织，也没有政府地位。根据《联合国宪章》，只有国家（这个词的完整定义）才能成为联合国的成员。既然国际刑警组织不是一个国家，为什么联合国会违反自己的宪章？

据信，一旦联合国与欧盟签署了
"条约"，联合国就会严重依赖国际刑警组织的网络来帮助它找到美国公民手中的私人武器，这些公民根据第二修正案权利持有这些武器。

美国政府必须解除各成员国所有平民的武装。

本应支持和捍卫美国宪法的美国立法者们在哪里？古代的伟大政治家们在哪里？国际刑警组织表明，我们所拥有的反而是那些不执行他们所制定的法律的政客变成了立法者，他们害怕纠正各方普遍存在的明显错误，因为如果他们遵守他们的就职誓言，他们很可能会发现自己失去了舒适的工作。

重述一下已经提供的一些信息。塔维斯托克研究所于1921年根据英国君主的命令在英国苏塞克斯成立，目的是为了进行精神控制和舆论形成，并在经过仔细研究的科学基础上**确定，如果受到**长期的心理困扰，人的精神何时会崩溃。我们将在后面说明，它是在战前由11
贝德福德公爵、塔维斯托克侯爵创立的。

1930年代初，洛克菲勒兄弟的基金会也为塔维斯托克做出了重大贡献。

应该指出的是，许多精神控制和行为矫正的主要实践者过去和现在都与接受许多不同思想和信仰的邪教的秘密社团密切相**关，包括伊希斯-**
奥西里斯、**卡巴拉**、苏菲、凯撒、博戈米尔和巴哈伊（摩尼教）神秘主义。

对于不了解情况的人来说，著名机构及其科学家参与邪教，甚至撒旦主义和光照派的想法本身就很难令人相信。但这个联系是真实的。我们可以看到为什么塔维斯托克对这些主题如此感兴趣。

在长期的压力和成瘾药物的影响下，年轻人随意在学校开枪的事件是值得注意的，在许多这样的悲剧事件中，肇事者几乎总是声称他们是被   "声音"指示去做致命的工作。毫无疑问，在这些悲惨的案件中，精神控制在起作用。不幸的是，在公**众意**识到发生了什么之前，我们还会看到许多这样的戏剧性事件。

文化主义、精神控制、应用心理压力和行为矫正都是塔维斯托克科学家所教授的内容。事实上，由于对显示其与塔维斯托克科学家的联系的泄漏感到震惊，英国下议院通过了一项法案，使塔维斯托克这样的地方进行该法案所谓的"物理研究"成为合法。

然而，"物理研究"一词非常模糊，以至于让人严重怀疑它是否真的如其所言，或者是否如一些批评者所认为的那样，它只是一个用来掩盖真实情况的术语。

在任何情况下，塔维斯托克都不准备让公众相信它。但我可以非常肯定地说，英国情报部门的军情六处和中情局特工在塔维斯托克接受了形而上学、精神控制、行为矫正、ESP、催眠术、神秘主义、撒旦主义、光照派和摩尼教邪教的培训。

这不仅仅是指基于中世纪遗迹的信仰。这是一种邪恶的力量，它的教导方式将对精神控制产生影响，而这种影响在几年前是不可能想到的。我将毫无顾忌地作出这样的预测：在未来的岁月里，我们将发现，所有在学校、邮局、商场发生的随机枪击事件，根本不是随机枪击事件。它们是由有条件的、受精神控制的受试者实施的，他们被仔细研究并服用危险的改变情绪的药物，如百忧解、AZT和利他林。

从所谓的 "山姆之子" 杀人犯大卫-伯科维茨开始，这几起随机枪击案的共同点是；他们都无一例外地告诉调查人员，他们 "听到声音"告诉他们要开枪打人。

俄勒冈州青年克里普-金克尔(Klip Kinkel)在枪杀自己的母亲和父亲后，又枪杀了自己的高中，此案是他向审问他的调查人员做出的供词。当被问及为什么要枪杀他的母亲和父亲时，金克尔说他听到 "声音"告诉他要枪杀他们。没有人能够证明金克尔和其他人是中情局精神控制实验的受害者，或者他们实际上　　　"听到了"由DARPA计算机程序员转移诱发的声音。

众议院监督委员会必须要求提供中央情报局的精神控制文件，并审查它们与学校枪击事件的联系。我认为当务之急是向中央情报局发出这样的命令，不要再拖延。

除了我自己对　　　　　　　　　　　　　　　　　"物理研究"这一主题的研究外，在中情局工作了14年的维克多-马拉切蒂（Victor Marachetti）**揭示了塔**维斯托克公司设计的物理研究方案的存在，中情局特工试图联系已故前特工的灵魂。正如我在上述专著中所说，我在　　　　　　　　　　　　　　"形而上学"领域有丰富的个人经验，我知道一个事实，许多英国和美国的情报人员被灌输到这些领域。

塔维斯托克称其为"行为科学"，在过去十年中进展迅速，已经成为警官可以接受的最重要的培训类型之一。在塔维斯托克的ESP项目中，**每个参与者都是**　　"志愿者"，同意让他们的个性与ESP"**相关**"，即同意**帮助塔**维斯托克找到一个答案，即为什么有些人是通**灵的，**有些人是ESP。

这项演习的目的是使每个军情六处和中情局特工都具有高度的**灵性并被**赋予高度发达的ESP。由于我直接参与这些事情已经有好几年了，我咨询了一位仍在　　　　　　"服务"的同事，以了解塔维斯托克的实验有多成功？他告诉我，塔维斯托克确实已经完善了它的技术，现在有可能使某些军情六处和中央情报局的特工成为"完美的ESP"。在此有必要解释一下，中情局和军情六处在这些问题上保持着非常高的保密性。

参与这些计划的大多数情报人员大多是光明会或共济会的成员，或者两者都是。简而言之，如此成功地应用于正常世界的"远距离穿透"技术，现在正被应用于精神世界！"。

塔维斯托克的远程渗透和内部定向调节方案，由库尔特-

卢因博士开发，我们以前见过几次，主要是一个对大众群体进行思想控制的方案。催生这一方案的是第一次世界大战期间英国军队心理战局对宣传的普遍使用。这种密集的宣传旨在使英国工人相信战争是必要的。这也是为了让英国公**众相信，德国是一个**敌人，其领导人是一个真正的魔鬼。

这一大规模的努力必须在1912年至1914年之间展开，因为英国工人阶级不相信德国想要战争，英国人民也不想要战争，甚至不恨德国人。必须改变这整个公众的看法。该办公室的一个次要但同样重要的任务是使美国加入战争。这一计划的一个关键因素是激怒德国，使其击沉 "卢西塔尼亚"号，这是一艘仿照泰坦尼克号的大型跨大西洋班轮。

尽管纽约一家报纸的新闻广告警告说，这艘船已被改装成武装商船（AMC），因此是日内瓦公约的公平游戏，但卢西塔尼亚号还是带着满载的乘客，包括几百名美国乘客，驶向利物浦。

这艘船的船舱里装满了供英国军队使用的大量弹药，而国际战争规则禁止用远洋轮船运送这些弹药。

在**她被一枚**鱼雷击中时，卢西塔尼亚号基本上是一艘武装商船（AMC）。大西洋**两岸的媒体都充斥着德国人的野蛮**行为和对一艘毫无防备的邮轮的无端攻击的故事，但美国和英国的公**众，仍然需要被**"调教"，并不相信这个故事。他们认为，"丹麦国土上有一些腐烂的东西"。卢西塔尼亚号的沉没，造成了严重的生命损失，这正是威尔逊总统所需要的"人为状况"，它激起了美国公**众**对德国的意见。

利用这一经验，英国军队的心理战局在英国君主的命令下成立了塔维斯托克人际关系研究所，并安排了英国报业巨头阿尔弗雷德-哈姆斯沃斯，他是出生在都柏林附近查普利佐德的律师的儿子。后来，他被授予12

贝德福德公爵，诺斯克里夫勋爵的称号。

1897年，随着战争的临近，哈姆斯沃斯公司派其编辑之一G.W.
Steevens去德国写了一篇由16个部分组成的文章，题为《*铁蹄之下*》。

在真正的逆向心理学中，这些文章赞扬了德国军队，同时**警告**说，如果对德战争爆发，英国国家将被打败。

1909年，诺思克利夫委托资深社会主义者罗伯特-布拉奇福德（Robert
Blatchford）前往德国，撰写**关于德**军对英国构成的危险。布拉奇福德的主题是，根据他的观察，他认为德国
"故意准备摧毁大英帝国"。这与诺斯克利夫在1900年发表在《*每日邮报*》（他的报纸之一）上的预言相吻合，即德国和英国之间将发生战争。诺斯克里夫写了一篇社论，说英国应该将更多的预算用于国防。

战争爆发后，诺斯克里夫被《*星报*》*的*编辑指责为散布战争气氛。

> "在德皇之后，诺斯克里夫勋爵为促成战争所做的工作比任何其他活着的人都多。"

这位可怜的编辑不知道他自己已经成为宣传的受害者，因为德皇在促进战争方面几乎没有什么作为，而且英国军事机**构**对他有些不屑一顾。历史学家们一致认为，德皇没有能力控制德国军队。*星报*》应该提到的是鲁登道夫将军。正是诺斯克里夫在两国之间爆发战争的当天就开始了征兵**运**动。

这是一个机构，大众洗脑和公众调节的所有方面都将被提升为一种艺术。一套政策和规则被建立起来，在塔维斯托克1930年的 "远程渗透和内向调节"中**达到**顶峰，并在1931年对德国发动了攻击。

在二战初期，罗斯福（他本人是33个

度的共济会会员，并通过辛辛那提协会成为光照派的成员
）寻求塔维斯托克的帮助，使美国加入战争。罗斯福受
"300人
"的委托，**帮助英国人拔出火中取栗**，**但要做到**这一点，他
需要一个重大事件来挂帅。

在整个1939-
1941年期间，驻扎在冰岛的美国海军潜艇攻击并击沉了德
国船只，尽管中立法禁止与战斗人员进行敌对行动。但德
国并没有被卷入报复行动。促使美国加入第二次世界大战
的重大事件是日本对珍珠港的袭击。这是一个针对两个国
家的塔维斯托克阴谋。为了促进这次进攻，国务卿马歇尔
拒绝与寻求避免即将到来的冲突的日本使者会面。

马歇尔还故意推迟警告他在珍珠港的指挥官，直到攻击开
始之后。简而言之，罗斯福和马歇尔都知道即将发生的攻
击，但故意下令不把信息传递给他们在珍珠港当地的官员
。塔维斯托克曾告诉罗斯福，"只有一个重大事件
"才会使美国加入第二次世界大战。史汀生、诺克斯和罗斯
福都知道即将发生的攻击，但没有采取任何行动来阻止它
。

不时有体贴的人问我。

> "但像海格勋爵、丘吉尔、罗斯福和布什这样的领导人难道
> 不会意识到在一场世界大战中会有多少人丧生？"

答案是，作为程序化的个人，"伟人
"并不**关心人**类生命的高昂代价。海格将军--
一个臭名昭著的共济会员、光照派和撒旦崇拜者--
不止一次地宣称他不喜欢英国的下层阶级，并通过派遣一
波又一波的　　　　　　　　　　　　　　　　　　"英国士兵
"去对付坚不可摧的德军防线来证明这一点，任何体面的军
事战略家都会避免采用这种战术。

由于海格冷酷无情地无视自己的部队，数十万来自
"下层社会

"的年轻英国士兵悲惨地、不必要地死亡。这使英国公众憎恨德国，正如英国军队的心理战局所预测的那样。我在这本书中收录的许多内容都是在第一次曝光时故意不写的。我认为美国人民还没有准备好理解塔维斯托克的形而上学的一面。**你不能**给婴儿喂肉，牛奶是第一位的。通过以这**种方式介**绍塔维斯托克，许多人的思想被打开了，否则这些思想就会一直封闭。

第三十四章

东印度公司的邪教

几个世纪以来，英国的寡头政治一直是神秘主义、玄学、神秘主义和精神控制的发源地。布鲁尔-莱顿（Bulwer Lytton）写了《埃及*亡灵之书*的秘密》，所以安妮-贝桑特的神学研究会的许多信徒都来自英国上层社会，今天他们仍然很受欢迎。法国南部和意大利北部的Cathars和Albigensians的后裔移民到了英国，并采用了 "Savoyard "这个名字。在他们之前是巴尔干半岛的博戈米尔人和小亚细亚的鹈鹕人。所有这些教派都起源于巴比伦的摩尼教。

塔维斯托克研究所利用库尔特-卢因和他的研究团队开发的一些精神控制技术，向这种类型的神秘主义迈进了一步。(详见*300人委员会*）。

东印度公司（EIC）和后来的英国东印度公司（BEIC）是 "300 "的最初成员，其后代统治着今天的世界。鸦片和毒品贸易是当时贸易的基础，并且一直如此。从这个复杂和高度组织化的结构中产生了社会主义、马克思主义、共产主义、国家社会主义和法西斯主义。

从1914年**开始**，在纽约冷泉港进行了广泛的精神控制实验，冷泉港是**种族**优生学中心，由E.E.哈里曼夫人赞助，她是当时的纽约州州长阿维尔-哈里曼的母亲，成为美国和欧洲的主要公共和政治人物。

这位伟大的女士为该项目倾注了数百万美元的自有资金，并邀请德国科学家参加论坛。塔维斯托克的许多精神控制技术，特别是里斯教授的 "逆向心理学"技术，起源于塔维斯托克，现在是精神控制练习的基础，旨在将黑人和有色人种优于白人的观念植入美国公众的头脑中，即反向的 "种族主义"。

德国科学家被哈里曼夫人和她的小组邀请参加冷港的灌输活动，该小组由当时的一些主要公民组成（1915）。在冷泉港呆了一两年后，德国特遣队回到了德国，并在希特勒的领导下，将在冷泉港学到的种族优生学付诸实践。所有这些信息一直对美国人民隐瞒着，直到在我的《红衣主教密码》（Codeword Cardinal）一书和该书之前的几本专著中曝光，然后又在我的《艾滋病--全面披露》一书中曝光。

塔维斯托克和白宫

在美国，塔维斯托克精神调节技术一直被我们历史上一些最高级和最重要的政治人物所使用，从伍德罗-威尔逊开始，一直到罗斯福总统。罗斯福之后的每一位美国总统都在 "300 "和塔维斯托克研究所的控制之下。

罗斯福是一个典型的受精神控制的程序化主体，在塔维斯托克方法论的训练下。他在为战争做准备的同时也谈到了和平。他夺取了根据美国宪法他无权拥有的权力，以威尔逊总统的非法行为作为权威，然后通过 "炉边谈话"来解释他的行为，这是塔维斯托克的想法，目的是欺骗美国人民。就像另一个塔维斯托克机器人詹姆斯-厄尔-卡特和他的继任者布什总统一样，使美国人民相信他所做的一切，即使是公然违反宪法的行为，也是为了他们的利益。这不像罗斯福，他完全知道自己做错了，但他还是乐此不疲地执行他的任务，满腔热情地执行英国塔维斯托克皇室的任务，完全不顾人命，所有神秘主义者都是如此。

当老布什总统下令入侵巴拿马时，这是一个公然违反宪法的行动，导致7000名巴拿马人丧生，但这并没有让布什先生夜不能寐，他也没有对15万伊拉克士兵在未宣布的（非法的）对伊战争中的死亡眨眼，这场战争是在他 "试探"公**众意**见之后进行的。

卡特对神秘学并不陌生；他的一个姐妹是美国的一个主要女巫。**卡特相信他是一个**
"重生的基督徒"，尽管他的整个政治生涯都贯穿着社会主义和共产主义的理想和原则，他毫不犹豫地将其付诸实践。**卡特是一个真正的人格分裂的例子，是塔**维斯托克的纯粹产品。著名的主流媒体专栏作家休-
西迪指出了这一点，他在1979年7月写道。

> "现在在白宫闭门造车的吉米-
> **卡特不是我**们在他担任总统的头30天里认识的那个吉米-
> **卡特。**"

由塔维斯托克大学毕业生彼得-
伯恩博士编程的卡特在安纳波利斯逗留期间，曾经过另一位塔维斯托克大学心理学家海门-里科弗上将的手。

卡特被罗斯柴尔德家族预先选中，认为他令人钦佩地适合接受特殊训练，而且是
"能够适应不断变化的环境"，愿意偏**离原**则的人。

约翰-福斯特-杜勒斯（John   Foster
Dulles）是**另一个被塔**维斯托克灌输的人物，他与白宫关系密切，曾担任过国务卿。杜勒斯在联合国（UN）听证会上公然向美国参议院委员会撒谎，公然宣誓证明美国在该世界机**构中的成**员资格符合宪法。

杜勒斯在美国加入联合国的合宪性问题上使参议员眼花缭乱，误导他们，并影响了足够多的参议员投票赞成所谓的条约，而这并不是一个条约，而是一个模棱两可的协议。

美国宪法不承认
"协议"，只承认由有关国家签署的条约。然而，杜勒斯的问题是，联合国不是一个国家。因此，塔维斯托克通过建议国务院将该文件称为   "协议

"来绕过这一障碍。杜勒斯是一个撒旦教徒，一个照明主义者，也是一些神秘学社团的成员。

乔治-赫伯特-沃克-
布什是塔维斯托克精神控制系统的另一个经认证的
"产品培训   "毕业生。这位33岁的度共济会员在巴拿马和伊拉克的行动充分说明了问题。

在巴拿马，根据RIIA和CFR的命令，在诺列加将军透露其中**两家**银行是毒品贸易链中的洗钱设施后，老布什采取措施保护洛克菲勒在巴拿马拥有的银行的毒品资金。

布什在没有以唯一的宪法方式--
美国国会**参众两院的**联合宣战--
表达的权力的情况下，命令美国武装部队入侵巴拿马，公然违反了他作为总统的宪法权力。

开国元勋们明确禁止总统行使战争权力。但是，尽管缺乏这种权力，布什还是再次公然违反美国宪法，命令美国武装部队入侵伊拉克，再一次在没有强制性宣战的情况下，超越了他的权力。"内部条件
"的美国公**众，即塔**维斯托克战争的震惊的受害者，在看着宪法被撕成碎片时一动也不动。

英国女王伊丽莎白二世陛下热烈祝贺老布什对伊拉克战争的
"成功"，并因其藐视美国宪法的行为而授予他骑士称号。这并不是伊丽莎白第一次向美国违法者授予高度荣誉。

2005年，英国和美国的神秘主义者和石油卡特尔的照明者仍在对伊拉克发动消耗战。除非他们把贪婪的、沾满鲜血的手放在伊拉克的石油财富上，否则他们不会罢休，就像米尔纳在英布战争（1899-
1903）期间偷窃布尔人的黄金一样。

你是否发现自己以   "**不适当的方式**
"对这些信息作出反应？你是说："这些不可能是一个美国

总统的行为？这是很荒谬的。

如果这是你的不充分的反应，请把你的注意力转向布尔战争，**你会很快看到，布什只是在模仿基**钦纳将军和米尔纳将军对布尔民族的灭绝战争中的撒旦野蛮行为。同样，值得记住的是，韦科悲剧是在布什的领导下开始的，对大卫-科雷什的仇杀是由共和党的领导人领导的。

虽然司法部长雷诺和克林顿执行了科雷什被定罪的破坏政策，但乔治-
布什在**筹备**导致科雷什及其87名支持者死亡的可怕行动中发挥了主导作用。

虽然一般不为人所知，但塔维斯托克参与了计划，甚至可能领导了联邦调查局和ATF对科雷什和大卫派的攻击。塔维斯托克的代表是英国SAS部队，他们曾参与培训ATF和FBI如何摧毁科雷什和他的追随者并将他们的教堂烧为平地。韦科是邪恶的黑色艺术撒旦主义的行动，仅此而已。

科雷什及其追随者的浮夸结局是典型的撒旦主义作祟，尽管大多数参与这一令人发指的罪行和侵犯人权及受害者权利的人在1^{er} ，   2   ，   5   和10下并不知道他们是在撒旦主义者的手中。他们不知道他们正被最黑暗的精神力量所利用。

塔维斯托克对美国进行的大规模洗脑使公众反对科雷什和大卫教派，为完全无视宪法和权利法案而在韦科破坏生命和财产创造了条件。

联邦政府人员肆意破坏无辜的生命和财产，他们在德克萨斯州（或任何其他州）没有管辖权，因此没有权力做他们的事情，这违反了10
修正案，保护公民免受联邦政府的过度行为。德克萨斯州没有进行干预，阻止正在韦科发生的违反《10_00修正案》的行为，因为根据美国宪法和德克萨斯州宪法，州长有责任这样做。

自1895年拉姆齐-麦克唐纳被派往美国
"监视该国以使其符合社会主义的建立
"以来，塔维斯托克已经走过了漫长的道路。拉姆齐向费边人报告说，为了使美国成为一个社会主义国家，必须摧毁各州的宪法，然后是联邦宪法（按照这个顺序）；韦科就是这个目标的体现。

美国第三任首席大法官约翰-马歇尔，以及由9上诉法院裁决的洛佩兹案，一劳永逸地表明，联邦特工在州界内没有管辖权，但调查假美元时除外。这本身就是一个矛盾的说法，因为所谓的　　"美元　　"不是美元，而是"联邦储备券"--
不是美国的货币，而是一个私人的、非政府的中央银行的纸币。

为什么要保护欺诈，即使它是由美国政府实施的？在撰写宪法时，开国元勋们认为，他们对中央银行的拒绝将防止任何像美联储这样的假操作出现。宪法规定保护美国国库券不被伪造。令人怀疑的是，不是美元的美联储纸币能否享有美国宪法的保护。

在韦科，警长没有命令塔维斯托克特工和联邦调查局离开该县，因为联邦调查局没有按照美国宪法调查伪造案。联邦调查局在韦科的行动是非法的。这都是精心策划的演习的一部分，以**确定**联邦政府在违反宪法方面能走多远才会被发现。

正如第一次世界大战开始时，英国中下层阶级被虚假的宣传煽动起来反对德国，说德皇在入侵比利时和荷兰时命令他的士兵**砍掉小孩子的手臂**，**塔**维斯托克将美国人编入程序，让他们仇恨科雷什。

塔维斯托克关于科雷什的谎言被日夜播放。科雷什在"大院"中与非常年幼的儿童发生了性关系。他的教堂是一个简单的木制结构，被塔维斯托克的精神控制者称为
"大院"。塔维斯托克的另一个严重谎言是大卫派在　　"大院

"里有一个安非他命实验室。因此,"复合"一词成为塔维斯托克的一个流行语。

克林顿先生为大卫族人被毒死、枪杀、日夜承受邪恶的音乐并最终被活活烧死开了绿灯,这并不令人惊讶。通过已故的**帕梅拉-**
哈里曼,克林顿先生在牛津大学时被介绍给塔维斯托克,并**开始接受精神控制灌**输。随后,他被介绍给社会主义/马克思主义/共产主义,然后被塔维斯托克公司批准接替任期已够长的老布什先生。

塔维斯托克策划并执行了一场大规模的媒体宣传活动,利用他的民调分析将克林顿植入美国人民的脑海中,使其成为最适合领导国家的人。

正是塔维斯托克安排了克林顿接受哥伦比亚广播公司的严格控制的采访,在吉尼弗-
弗劳尔斯透露他在过去12年里一直是**她的情人,正是塔**维斯托克控制了美国人民对哥伦比亚广播公司采访的反应。因此,由于他庞大的民意调查和舆论网络,克林顿的总统任期没有被炸毁,但如果塔维斯托克没有从头到尾控制哥伦比亚广播公司的采访,可以肯定的是,克林顿将被迫黯然辞职。

如果**你在**寻找证据;如果你还在
"否认",那**么**请将克林顿的逃亡与加里-
哈特因更轻的指控而被定罪进行比较。第一个接受塔维斯托克方法论培训的 "新水瓶座时代 "的白宫律师是马克-法比安尼。他处理情况的能力,所有观察家都预计会使克林顿沉沦,却成为华盛顿的话题。

在光明会和共济会的内部圈子里,只有13个人知道法比安尼成功的秘密。 接替法比安尼的兰尼-戴维斯更加成功。被称为 "旋转博士"的戴维斯挫败了两名特别检察官沃尔什法官和肯尼斯-斯塔尔的计划,并击退了国会中所有共和党人的攻击,使共和党彻底陷入混乱。

这位经过塔维斯托克培训的律师领导了对克林顿的众多国会敌人的大胆突击。戴维斯的大手笔是随着汤普森委员会对民主党全国委员会竞选资金的听证会和阿肯色州的一系列丑闻而来。

塔维斯托克的计划很简单，就像所有简单的计划一样，它是一个天才之举。戴维斯搜罗了全国所有对克林顿的不当行为、筹款丑闻和白水事件进行过哪怕是最小的报道的报纸。就在汤普森委员会如火如荼地进行着，为总统的血而欢呼的同一天，戴维斯的众多助手中的一位悄悄溜进了拥挤的听证室，把戴维斯编好的剪报文件夹递给了每个委员会成员。

卷宗中附有一**份由戴**维斯签署的备忘录：委员会花费数百万美元调查的内容不过是一些   "旧闻"的收集。当对克林顿的指控是昨天的新闻时，还有什么可调查的呢？

当汤普森委员会被击败，然后耗尽了能量，不再流通时，这是塔维斯托克和白宫的一个巨大胜利。布莱尔首相不得不使用同样的公式来解除那些指责他在与小布什开战的原因上撒谎的议会批评者的武装。布莱尔在回答可能是一个有害的问题时说，《*每日镜报*》的报道都是"旧闻"。提出这个问题的议员正在领导一场弹劾布莱尔的**运**动。布莱尔没有回答，而是转移了问题。根据议会规则，这位议员已经   "轮到"了，不会再有机会试图迫使布莱尔说出真相。

第三十五章

音乐产业、精神控制、宣传和战争

值得注意的是，自1946年塔维斯托克在美国开设自己的办事处以来，它在美国的影响越来越大。塔维斯托克已经完善了造谣的艺术。这些造谣运动从精心炮制的谣言开始。这些通常是在右翼圈子里种植的，在那里它们像野火一样生长和传播。塔维斯托克早就知道，右翼是滋生和传播谣言的沃土。

根据我的经验，没有一天不要求我证实一些谣言，通常是那些应该更了解情况的人。通过谣言传播错误信息的巧妙策略具有双重优势。

1)   这让栽赃给策展人的故事有了可信度的影子。

2)   当信息被证明是错误的时候，虚假信息已经玷污了它的传播者，以至于他们可以安全地被贴上
"疯子"、"偏执的边缘保守派"、"**极端分子** "和更糟的标签。

下一次**你听到**这样的谣言时，在你传递谣言之前，请仔细考虑一下谣言的来源。请记住塔维斯托克的操纵者是如何工作的：谣言越是多汁，你就越有可能传播它，使你成为塔维斯托克阴险的造谣机器中不知情的一部分。

现在转向塔维斯托克培训其毕业生的另一个专业领域，我们指的是暗杀重要的政治家，他们不能被收买，而且必须被压制。美国总统林肯、加菲尔德、麦金利和肯尼迪的暗杀事件都与英国军情六处有关，而且自1923年以来，与塔维斯托克研究所有关。

事实证明，肯尼迪总统不受塔维斯托克的精神控制，所以他被选为公开处决的对象，以警告那些渴望权力的人，没有人比300人委员会更高。

肯尼迪被公开处决的可怕场面是给美国人民的一个信息，这个信息他们现在可能还没有意识到。也许塔维斯托克研究所为肯尼迪的处决提供了蓝图。也许它还精心挑选了每个参与者，从李-哈维-奥斯瓦尔德开始，他的思想明显被控制，到林登-约翰逊，他的思想控制并不那么明显。那些不屈服的人或试图揭露真相的人遭受了各种惩罚，从耻辱到被驱逐出公共生活，甚至是死亡。

我们从塔维斯托克对美国总统的控制，过去和未来，转移到音乐和娱乐业。没有什么地方比"音乐和娱乐业"更明显地对大量美国公众进行洗脑了。几十年后，被误导的和不了解情况的人仍然对我透露"披头士"是塔维斯托克的项目而感到愤怒。现在我期望那些告诉我他们对披头士的历史了如指掌的人，他们是音乐家而我不是，对以下情况提出质疑。

你知道 "说唱"音乐是塔维斯托克的另一个项目吗？嘻哈"也是如此。尽管这些话很无厘头、很白痴（它们很难被称为"话"），但它们是由精神控制和行为矫正技术员设计的，以**适**应并成为塔维斯托克公司在美国主要城市的帮派战争议程的一部分。这种"音乐"以及所有所谓的"摇滚"和"流行"音乐的主要传播者（请原谅使用塔维斯托克的行话）是。

> 时代华纳

> 索尼

> 贝特斯曼

> EMI

> ➤ 资本集团

> ➤ 加拿大西格拉姆公司

> ➤ 飞利浦电子

> ➤ 印第安人

时代华纳

他们的年收入为237亿美元（1996年数字）。其音乐出版业务通过其子公司Warner Chappell拥有一百万首歌曲。其中包括麦当娜和迈克尔-杰克逊的歌曲。它印刷和出版乐谱。时代华纳的说唱和流行标签包括Amphetamine Reptile、Asylum Sire、Rhino、Maverick、Revolution、Luka Bop、Big Head Todd和由华纳REM销售的The Monsters。

时代华纳还通过其子公司分销另类音乐标签。另类分销联盟，覆盖了欧洲大部分地区，在英格兰和德国尤其强大。这两个国家成为塔维斯托克操纵者的目标，这不是巧合。

在时代华纳公司宣传的歌曲中，煽动暴力、无节制的性、无政府主义和撒旦主义的内容很多，大部分是潜移默化的，但越来越公开。这种对西欧青年几乎是教派式的统治（自从苏联解体后，这种统治也在悄悄进入俄罗斯和日本）威胁着欧洲文明，而欧洲文明的建立和成熟是经过几千年的时间。年轻人的巨大人气和他们对这种垃圾 "音乐"的似乎永不满足的胃口让人感到害怕，就像塔维斯托克对那些听众的思想的控制一样。

时代华纳通过其拥有的或与他人合作的音乐俱乐部分销音乐。哥伦比亚大厦就是一个例子。索尼在哥伦比亚大厦拥有50%的股份。

时代华纳的制造部门WEA制造CD；CD-ROMS、音频、视频、数字多用途光盘，而另一个子公司Iv

y
Hill则印刷CD封面和插页。美国家庭企业的另一个子公司
，在与Heartland
Music的50%的合资企业中销售音乐、书籍和杂志。

时代华纳电影公司拥有工作室和制作公司，包括华纳兄弟
、Castle   Rock
Entertainments和新线电影公司。时代华纳电影公司在美国
有467家影院，在欧洲有464家影院（1989年的数字：今天2
005年的数字要高很多）。

其广播网络包括WB网络、Prime
Star；Cinemax、Comedy；Central   Court   TV；SEGA
Channel；Turner   Classic   Movies（Ted
Turner拥有时代华纳10%的股份）。

它在中国、日本、新西兰、法国和匈牙利进行广播。其有
线电视专营权有1230万用户。

电视/制作/发行：华纳兄弟电视；HBO独立制作，华纳兄弟
电视动画；Telepictures制作；Castle
Rock电视；新线电视，Citadel娱乐；Hanna
Barbara卡通；世界冠军摔跤；特纳原创制作；时代华纳体
育；特纳学习；华纳家庭录像。其图书馆包括28,500部电视
作品和动画短片。

时代华纳拥有从特德-
特纳手中收购的CNN电台。它还拥有161家零售商店、华纳
书店、利特尔、布朗、日落书店、奥克斯莫尔书屋和每月
一书俱乐部。

时代华纳拥有以下杂志。人物》、《体育画报》、《时代
》、《财富》、《生活》、《金钱》、《娱乐》、《周刊
》、《进步农民》、《南方口音》、《育儿》、《健康》
、《希波克拉底》、《亚洲周刊》、《减肥》、《疯狂杂
志》、《特区漫画》、《美国运通旅游休闲》、《美食与
美酒》。时代华纳还拥有一些主题公园：六旗；华纳兄弟

；电影世界；澳大利亚海洋世界。

我希望在这一点上，读者能花点时间来反思掌握在时代华纳公司手中的巨大权力，无论好坏。显然，这个巨人可以成就任何人，也可以毁掉任何人。然后，请记住，它是塔维斯托克研究所的一个客户。想一想这台强大的机器可以对公众舆论做出什么，可以塑造年轻人的思想，就像我们在迪斯尼世界的 "同性恋日"所看到的那样，让人感到害怕。

SONY

1999年，索尼的收入估计为487亿美元。它是世界上最大的电子公司。它的音乐部门控制着摇滚/说唱/流行；哥伦比亚；Rutthouse；Legacy Recordings；索尼独立标签；MIJ标签；（Michael Jackson）；索尼音乐纳什维尔；哥伦比亚纳什维尔。索尼拥有数以千计的摇滚/流行音乐品牌，包括布鲁斯-斯普林斯廷；So-So Def；Slam Jazz；Bone Thugs in Harmony；Rage Against the Machine；Razor Sharp；Ghost-Face Killa；Crave；和Ruthless Relativity。

如果**你曾想**过这个可怕的白痴，其高度暗示性的话语和对暴力的煽动，如何能在如此短的时间内发展得如此庞大，现在你知道了。它得到了索尼公司的支持，与之保持一定的距**离**。**塔**维斯托克长期以来一直将说唱视为无政府状态和混乱之前的一个有用的信使--无政府状态和混乱正越来越近了。

索尼公司发行了另类朋克摇滚品牌Epitaph Record；Hell Cat；Rancid；Crank Possum Records和Blue Sting Ray的Epitome Surf Music。此外，索尼通过索尼/ATV音乐出版公司出版音乐。索尼公司拥有迈克尔-杰克逊的所有 "歌曲 "和几乎所有的 "披头士 "系列作品。

索尼拥有Loews
Theatres、索尼影院，其电视利益包括游戏节目。它拥有约
15%的音乐销售市场，乐谱，是世界上最大的国际音乐公
司。其他索尼产品包括CD，光盘，音频和视频磁带。

蒙特**卡洛的**Loews酒店物业是毒品贩运的信息中心，其员工
直接向蒙特**卡洛警方**报告在酒店发生的任何 "可疑活动"。

(我们所说的   "嫌疑人
"是指任何试图闯入该行业的外来者）。有几位高级接待人
员接受过蒙特卡洛警方的培训，负责监视事情的发展。

其目的不是为了根除毒品贩运，而只是为了防止 "后起之秀
"进入毒品贸易。到达Loews酒店的外人'被告知并迅速被逮
捕。这些事件被作为   "警察突袭
"卖给新闻界和世界媒体。索尼的电影部门由哥伦比亚电影
公司、三星电影公司、索尼电影公司、经典凯旋公司、凯
旋电影公司组成，拥有哥伦比亚家三星电影的权利。其电
视兴趣包括游戏节目。

贝特斯曼

这是一家由Reinhard
Mohn拥有的德国私人公司，1999年其营业额估计为157亿
美元。贝塔斯曼在40个国家拥有200个音乐标签，涵盖说唱
/摇滚/流行。惠特尼-
休斯顿；感恩而死：坏男孩：Ng唱片公司、火山企业；舞
猫；瘾君子；吉街（丛林兄弟）和全球灵魂。所有这些标
题都含有对性变态、吸毒、无法无天和暴力的明确煽动。B
ertelsman拥有Arista   Nashville（Pam
Tillis）、Career（LeRoy   Parnell）、RCA   Label
Group、BNA（Lorrie
Morgan）等乡村和西部唱片公司的所有权。该公司通过BM
G音乐出版乐谱，BMG音乐控制着70万首歌曲的版权，包
括海滩男孩、B.B.国王、巴里-

马尼洛和10万首著名的派拉蒙工作室的曲子。它在美国和加拿大拥有七个音乐俱乐部，并为MBNA银行生产信用卡。

Bertelsman
A.G.在世界各地做了大量的书店工作，是300人委员会的一个附属机构。

贝塔斯曼的资产包括Doubleday；Dell   Publishers；Family Circle；Parent and Child；Fitness；American Homes and Gardens，在西班牙、法国、意大利、匈牙利和波兰有38本杂志。贝塔斯曼的电视和卫星频道在欧洲，它是那里最大的广播公司。该公司非常具有报复性，会毫不犹豫地攻击任何敢于揭露它认为不符合其利益的人。

EMI

这是一家英国公司，1999年的营业额估计为60亿美元，它在46个国家拥有60个音乐品牌：Rock/Pop/Rap; Beetle Boys; Chrysallis; Grand Royal; Parlaphone; Pumpkin Smashers; Virgin; Point Blank。

EMI拥有并控制着滚石乐队、Duck Down、No Limit、N00 Tribe、Rap-A-Lot（The   Ghetto Boys）和一个巨大的乐谱出版业务。它在七个国家的231家商店中拥有直接或全部权益，包括HMV、Virgin Megastores：Dillons（美国）。百代公司在英国和欧洲拥有网络电台，其中一些与贝塔斯曼合作。

资本集团

这个位于洛杉矶的投资集团将其35%的股份卖给了西格拉姆公司，该公司是布朗斯坦家族的烈酒公司，也是300人委员会的高级成员。
西格拉姆公司拥有环球音乐集团（前身为MCA）80%的股

份，现在由松下电器工业公司持有。

其1999年的收入估计为140亿美元。西格拉姆拥有超过15万个版权，包括Impact: Mechanic; Zebra; Radioactive Records; Fort Apache Records; Heavy D and the Boys。

资本集团与史蒂芬-斯皮尔伯格、杰弗里-**卡岑伯格和大卫-格芬**有合资企业。在其乡村和西部部门，该公司拥有雷巴-麦金泰尔、怀诺娜、乔治-直；多莉-**帕顿**；李-**安妮**-里姆斯和汉克-威廉姆斯。

通过Seagram，该公司拥有Fiddler's Green（丹佛）；Blossom音乐中心（克利夫兰）；Gorge Amphitheater（华盛顿州）；Starplex（**达拉斯**）。**它已经**扩展到多伦多和亚特兰大。资本集团通过其电影部门，拥有黛米-摩尔、丹尼-德-维托、彭妮-马歇尔和许多较小的电影业人物。环球电影库和环球电影库一样，都是由资本集团拥有。该公司拥有500家零售商店、几家酒店和好莱坞的环球影城。

印第安人

作为音乐和娱乐行业中最小的公司之一，其年收入估计为50亿美元。该公司拥有大量的摇滚/说唱/流行音乐标签组合，大部分是比较奇怪的类型。

它的乡村和西部部门拥有威利-纳尔逊，并通过六大唱片公司进行分销。即使没有拥有零售商店或独立的销售点，该公司也成功地占据了美国音乐销售的21%，令人吃**惊**。

重要的是，他的大部分收入来自于销售怪异的说唱/流行/摇滚乐，其中有暴力、辱骂、粗话、性暗示的标题，无政府主义--这表明美国年轻人正在走向。

飞利浦电子

这家荷兰公司1996年的营业额为158亿美元。虽然它主要是一家电子公司，但它属于 "六大"范畴，主要是因为它拥有Polygram音乐公司75%的股份。它的标签组合是在摇滚/流行/说唱领域。埃尔顿-约翰是其财产之一。飞利浦是第三大音乐出版商，拥有375,000种版权作品。

通过其在欧洲和英国的子公司，飞利浦在1998年生产了5.4亿张CD和VHS磁带。其电影部门拥有乔迪-福斯特，而飞利浦电视拥有罗伯特-雷德福的圣丹斯电影公司和宣传电影公司。

上述信息应该让你，读者，了解这个巨大的行业对我们的日常生活所拥有的巨大力量；它是如何塑造美国年轻人的思想的。如果没有塔维斯托克为这些公司提供的先进控制和技术，该行业所取得的巨大进步是不可能的。当你意识到塔维斯托克控制着我们看到的 "新闻"、允许我们看的 "家庭电影"和电视频道电影、我们听的音乐时，我所提供的信息应该让你感到震撼。

这个巨大的企业背后是塔维斯托克人类关系研究所。正如我已经清楚地表明，美国正在与巨大的电影和音乐产业齐头并进；这些力量是迄今为止不为人知的--其唯一的目的和目标是颠覆、扭曲和歪曲我们年轻人的思想，以促进300人委员会引入社会主义世界新秩序--建立一个世界政府，由新的共产主义者统治世界。

当你们思考你们的孩子和美国青年的未来时，我向你们介绍的信息应该引起你们的极大关注，因为你们已经了解并理解，他们正在被灌输无政府主义思想、革命狂热，以及煽动吸毒、自由性行为、堕胎、女同性恋和接受同性恋的行为。

如果没有这个巨大的音乐和娱乐产业，迈克尔-杰克逊将是一个幼稚和平淡的实体，但他被 "打气

"了，塔维斯托克告诉我们国家的年轻人，他是多么伟大，他们，西方世界的年轻人，是多么爱他！"。这也与控制媒体的权力有关。

由于音乐和娱乐业是我所说的塔维斯托克设计的"公**开的秘密**"，我不指望我在这个重要问题上的工作会被接受为全部真相，至少在2015年之前是这样，这一年我预测"末日"爆发，即CAB的全面核战争，届时上帝的愤怒将降临到美利坚合众国。但就对媒体的大规模控制而言，即使是不知情的观察者也不难看到、听到和读到，美国确实有一个受控制的媒体，由塔维斯托克研究所制作。正是这个因素使布什总统当选，然后，令整个欧洲和至少一半的美国选民**惊**讶的是，尽管他的记录令人沮丧，但他还是当选了第二个任期。

这是怎么发生的呢？这个问题很容易回答：因为美国国家媒体的崩溃。主流广播公司放弃了促进公共利益的义务；他们不再觉得必须报道问题的两面性。

国家媒体加强了从"世界战争"**开始的**"新闻与虚构混合"政策。

虽然这吸引了观众并增加了收入，但它并没有改变长期以来的广播公平原则，而这对自由社会的信息流通是至关重要的。近年来，这一严重问题因右翼"雷霆大队"的崛起而变得更加严重，他们不容忍任何反面意见。他们只播报布什政府的意见，并毫不犹豫地以塔维斯托克的方式歪曲和"旋转"新闻。

政策研究中心、政策态度中心、国际政策态度项目和国际与安全研究中心在2004年进行的一项联合调查证实了这一点。他们的发现确实是布什仍在白宫的关键所在，也是对专业宣传力量的赞誉。

> ➢ 75%的布什忠实支持者不相信总统委员会关于伊拉克与基地组织毫无关系的结论。

> 布什的大多数支持者认为，伊斯兰世界的很大一部分人支持美国入侵伊拉克。这与事实完全相悖。埃及是一个穆斯林国家，不支持美国，大多数埃及人希望美国**离开伊拉克**。**土耳其**虽然是一个世俗国家，但绝大多数是穆斯林，它以87%的票数反对美国在伊拉克的存在，并拒绝为入侵提供的理由。

> 百分之七十的布什信徒认为伊拉克有大规模杀伤性武器。

我在这里写的是无可争辩的事实，但需要一个重大事件来证实这一点，就像我的《300人委员会》一书花了14年，我的罗马俱乐部报告花了25年才被亚历山大-金本人证实。但毫无疑问，塔维斯托克在2005年的今天，控制着美国生活的方方面面。没有一件事能逃过他的眼睛。

2005年，我们目睹了塔维斯托克研究所及其高级主人--300人委员会在美国总统乔治-布什的管理方式中，以及在不加质疑和怀疑地接受布什的言行方面，具有**惊人的影响力和力量。**

这些错误信念的原因并不难找到。1994年，布什政府多次告诉美国公众，伊拉克有随时可以使用的核武器。布什政府**关于侯**赛因总统支持伊拉克境内的 "基地 "组织部队以及 "基地 "组织应对袭击世界贸易中心（WTC）负责的报告也被当作真相，没有任何事实依据。然而，咆哮的右翼广播网（RRRN）欣然**重复**这些错误，包括汉尼提和康伯斯以及福克斯新闻。汉尼提义不容辞地告诉他的听众，这些武器已被转移到叙利亚。他从未提供一丝一毫的证据来支持他的说法。此外，福克斯新闻和其他广播节目也在大肆宣传。支持布什政府的广播宣传的主要代表是： 。

> 拉什-林博（Rush Limbaugh

> 马特-德拉吉

- ➢ 肖恩-汉尼提
- ➢ 比尔-奥莱利
- ➢ Tucker Carlson
- ➢ 奥利弗-诺斯
- ➢ John Stossell
- ➢ Gordon Liddy
- ➢ 佩吉-努纳
- ➢ 拉里-金
- ➢ 迈克尔-里根
- ➢ Gordon Liddy
- ➢ 迪克-莫里斯
- ➢ William Bennett
- ➢ 迈克尔-萨维奇
- ➢ 乔-斯**卡伯勒**

拉里-
金是塔维斯托克训练有素的傀儡之一。当他的节目中难得有布什战争的反对者时，他给他们大约两分钟的时间来陈述自己的观点，紧接着由五个支持布什的   "专家"来反驳这个大胆的反对者。

上面提到的几乎所有电台人士都接受过塔维斯托克专家的**某种形式的培**训。当我们研究他们的方法时，我们看到与塔维斯托克完善的陈述方法有明显的相似之处。电视人物、"新闻主持人   "和他们的   "新闻"也是如此，在内容和风格上都没有什么不同。所有这些，无一例外，都带有塔维斯托克研究所的标志。

美国正处于最大和最持久的大规模精神控制（洗脑）和"调节

"计划中，这反映在我们社会的各个层面。操纵、欺骗、纵容、掩盖、半真半假以及它们的孪生兄弟--
赤裸裸的谎言的主人们扼住了美国人民的喉咙。

丘吉尔在被　　"改造　　"之前，对下议院说，布尔什维克"已经抓住了俄国的头发"。我们敢说，"塔维斯托克已经抓住了美国人民的头脑和思想"。

除非1776年的精神和**开国元**勋之后的那一代人中发生的复兴的伟大觉醒，否则美国注定要崩溃，就像希腊文明和罗斯尼文明崩溃一样。

现在需要的是组建我们自己的　　　　　　　"隐形军队"，即"冲击部队"，他们将深入美国的每一个村庄、每一个城镇**、每一个城市**，领导反攻，将塔维斯托克的部队赶到撤退和最终失败。

附录

大萧条

时任英格兰银行行长的蒙塔古-诺曼（Montagu Norman）是费边社会主义者比阿特丽斯-波特-韦伯（Beatrice Potter Webb）一家的密友，他突然访问了美国，作为大萧条爆发的前奏。可以看出，这是一个"臆造的事件"，就像卢西塔尼亚号的沉没将美国带入第一次世界大战。

导致1930年代大萧条的事件。

1928

2月23日 - 蒙塔古-诺曼拜访了法兰西银行行长莫罗先生。

6月14日--赫伯特-胡佛被提名为共和党的总统候选人。

8月18日--蒙塔古-诺曼再次当选为英格兰银行行长。

11月6日--赫伯特-胡佛当选为美国总统。

11月17日--蒙塔古-诺曼再次当选为英格兰银行行长。

1929

1er   1月--
《纽约时报》称，预计1929年将有大量黄金从美国外逃。

1月14日   -   Eugene R.布莱克再次当选为佐治亚州亚特兰大联邦储备银行的行

长。

1月26日 - 新闻报道显示，蒙塔古-诺曼即将进行的访问与黄金从纽约运往伦敦没有关系。

1月30日--蒙塔古-诺曼抵达纽约；他声称他只是在礼节性地拜访G.L.哈里森。

1月31日--蒙塔古-诺曼与联邦储备银行官员共度了一天。

2月4日--蒙塔古-诺曼表示，他的访问不应导致英镑或黄金的地位立即发生任何变化。国会议员Loring M. Black, Jr.提出了一项决议，询问联邦储备委员会是否在Montagu Norman发布信用警告时或大约在那时与他交谈过。

2月10日--众议员布莱克提出一项决议，要求柯立芝总统和梅隆部长澄清诺曼的访问，他不是英格兰银行的官员。

2月12日--安德鲁斯指出，联邦储备银行已经失去对货币形势的控制的说法是一种假象，并声称该银行可以通过对再贴现采取行动来随意调节市场。他的发言
"引发了对联邦储备系统已经失去对经济控制的反复指责。"

2月19日--布莱克的决议被银行和货币委员会拒绝。

2月26日--
《纽约时报》报道，许多银行要求联邦咨询委员会合作，限制为股市投机提供贷款。

3月4日--赫伯特-胡佛宣誓就任总统。

3月12日--财政部长梅隆宣布，他不会干预安理会的政策。

3月21日--芝加哥联邦储备银行采取措施，通过削减25-50%的投机性借款来减少股票借贷。

1er 4月--
在4月的经济报告中，国家城市银行呼吁将贴现率提高到6
%，以遏制股市过度投机。一家洛克菲勒拥有的银行！

5月5日，堪萨斯城联储将再贴现率提高到5%。

5月14日   -
明尼阿波利斯联邦储备银行将再贴现率提高到5%。

5月19日--
宣布统一将再贴现率提高到5%；纽约和芝加哥提出的6%的
要求被拒绝。

5月23日--咨询委员会建议将再贴现率定为6%。

8月9日--
纽约联邦储备银行将其利率提高到6%；此举被称为
"聪明"。

9月3日--国家城市银行（洛克菲勒-
标准石油银行）在其月度公告中指出，再贴现率提高的效
果不**确定**。

10月29日--
股票市场崩溃结束了战后的繁荣；16,000,000股，包括不受
限制的卖空，易手。

到年底，股票价值的下降达到150亿美元；到1931年底，股
票损失达到500亿美元。

11月--纽约联邦储备银行将再贴现率降低到5%。

11月11日--蒙塔古-
诺曼当选为英格兰银行行长，这是第十一个任期。

11月15日 - 再贴现率降至4.5%。

在整个1929年上半年，不断有**关于从**伦敦运往美国的黄金
的报告，造成了1月1日^{er}
的报告是准确的印象。然而，随着股票市场的崩溃，黄金

从美国的逃亡正式**开始**。

Kurt Lewin

库尔特-卢因（1890-
1947）的工作对社会心理学和体验式学习、团体动力学和行动研究产生了深远影响。卢文于1890年9月9日出生在普鲁士（现属波兰）的莫吉尔诺村。他是一个中产阶级犹太家庭的四个孩子之一（他的父亲拥有一个小杂货店和一个农场）。

他们在他15岁的时候搬到了柏林，他在体校就读。1909年，库尔特-
卢因进入弗莱贝格大学学习医学。然后他转到慕尼黑大学学习生物学。这时，他开始参与社会主义运动。他特别关注的问题似乎是打击反犹太主义和德国机构的民主化。

他在柏林大学获得博士学位，在那里他对科学哲学感兴趣，并发现了格式塔心理学。他的博士学位是在1916年获得的，但当时他正在德国军队中服役（他在战斗中受伤）。1921年，库尔特-
卢因加入了柏林大学的心理学研究所，在那里他举办了哲学和心理学的研讨会。他开始在出版和教学方面崭露头角。他的作品在美国广为人知，他被邀请在斯坦福大学担任六个月的访问教授（1930年）。由于1933年德国的政治局势大大恶化，他带着妻子和女儿去了美国。

后来，他在塔维斯托克研究所参与了与战争（第二次世界大战）有关的各种应用研究计划，特别是影响作战部队的士气和心理战。他一直是一个坚定的社会主义者。他在麻省理工学院创立了群体动力学中心。他还参与了一个方案--纽约的社区相互关系委员会。卢因赖以成名的　　　"T型组"就来自于这个旨在解决宗教和种族偏见的计划。

卢文获得了海军情报局的资助，并与之密切合作，培训其特工。国家培训实验室是他的另一个大规模洗脑计划，在企业界发挥了重要作用。

Niall Ferguson

尼尔-弗格森（Niall Ferguson）是一位历史学教授，曾在剑桥大学任教，现在在牛津大学任职。这些都是一个 "宫廷历史学家"的资质，其主要目的是保护其政府的爱国主义和政治神话。

然而，弗格森教授对英国人最可敬的爱国主义神话之一进行了标志性的攻击，即第一次世界大战是一场伟大而必要的战争，在这场战争中，英国人为了保护比利时的中立性、法国的自由以及法国和英国帝国免受可恨的匈奴人的军事侵略而进行了干预的崇高行为。劳埃德-乔治和丘吉尔等政治家认为，战争不仅是必要的，而且是不可避免的。在这一点上，他们得到了惠灵顿宫的宣传工厂的大力协助，即汤因比所说的 "谎言之家"。

弗格森提出并回答了**关于第一次世界大**战的十个具体问题，其中最重要的一个问题是，这场总伤亡人数达1000万的战争是否值得。

他不仅做出了否定的回答，而且得出结论，世界大战既不是必要的，也不是不可避免的，而是英国政治领导人基于对德国对大英帝国构成的 "威胁"的不恰当认识而做出的严重错误的决定。弗格森称其为 "不亚于现代史上最大的错误"。

他更进一步，将大部分责任归咎于英国人，因为正是英国政府最终决定将大陆战争变成世界大战。

他认为，英国没有保护比利时或法国的法律义务，德国的海军集结并没有真正威胁到他们。

弗格森认为，英国政治领导人应该意识到，德国人的主要恐惧是被俄国日益增长的工业和军事力量以及庞大的法国军队所包围。他还认为,德皇会履行他在战争前夕对伦敦的承诺,保证法国和比利时的领土完整以换取英国的中立。

弗格森的结论是,"英国的干预决定是她的将军和外交官们秘密计划的结果,可以追溯到1905年",并且是基于对德国意图的误解,"他们想象中的拿破仑式的规模"。政治上的考虑也在战争的爆发中发挥了作用。弗格森指出,外交大臣爱德华-

格雷提供了使英国走上战争道路的动力。虽然其他大多数部长都在犹豫。"最终他们同意支持格雷,部分原因是害怕被赶下台,让托里家族进入众议院。"

这就是惠灵顿之家的谎言和宣传的力量,它是塔维斯托克人类关系研究所的前身。

第一次世界大战至今仍困扰着英国人,就像内战继续困扰着美国人一样。英国在战争中的伤亡人数达到了72.3万人,是第二次世界大战中伤亡人数的两倍多。作者写道。

> "第一次世界大战仍然是我国人民不得不忍受的最糟糕的事情"。

由于英国和美国的参与而延长了战争的时间,战争的最大代价之一是摧毁了俄国政府。

弗格森认为,如果没有英国的干预,最可能的结果是德国迅速取得胜利,在东部作出一些领土上的让步,但不会发生布尔什维克革命。

就不会有列宁--也不会有希特勒。

> "最终是因为战争,这两个人都能够崛起,建立野蛮的专制制度,进行更多的屠杀。"

根据弗格森的说法,如果英国人一直袖手旁观,他们的帝国仍将是强大和可行的。他认为,英国可以很容易地与德国共存,他们在战前与德国有着良好的关系。但英国的胜利是以 "远远大于他们的收益

"为代价的，"消灭了经济'全球化'的第一个黄金时代"。但无情的反德宣传将这些良好关系变成了敌意和仇恨。

第一次世界大战也导致了个人自由的巨大损失。弗格森写道："战时的英国......分阶段成为一种警察国家"。当然，自由总是战争的牺牲品，作者将英国的情况与威尔逊总统在美国实施的严厉措施相比较。

美国对言论自由的压制'使盟国为自由而战的主张成为一种嘲弄'。弗格森教授知道的是，威尔逊对言论自由施加了最严重的限制。他甚至试图让参议员拉福莱特因反对战争而被捕。

虽然弗格森主要是对英国听众讲话，但他对美国人也有意义，他们悲惨地跟随英国人，被宣传所迷惑，完全被操纵，卷入了**两次世界大**战，由于华盛顿的利维坦政府的权力集中，他们付出了巨大的自由损失。

从这个及时的警告中可以学到许多宝贵的经验，塔维斯托克研究所，也就是惠**灵**顿府的继承者，已经表明调节和控制大部分人口的思想是**多么容易**。

"伟大的战争：宣传的力量

英国、法国、德国、比利时和俄罗斯的普通人不希望看到的战争成果：在壮年时期被杀害。

英国与帝国	2 998 671
法国	1 357 800
德国	2 037 700
比利时	58,402

这主要是指在'西线'和'东线'的死亡，不包括其他国家在其他战线上的损失。直接核算的成本为180,000,000,000美元，间

接核算的成本为151,612,500美元。

本书中提到的第一次世界大战的两场战役:

帕森代尔(Passchendaele)。战斗于1917年7月31日**开始**,持续了三个月。损失达400,000人。

凡尔登。1916年2月21日**开始**,6月7日结束。700,000人被杀。

随后的宣传工作

塔维斯托克研究所的技术已经非常完善,根据最近的专家意见,美国政府广告/宣传计划用于战略目标的所有资本和人力资源的70%都用于心理行动,这些心理行动所组成的宣传已经成为成为美国和英国的最重要的组成部分。

现在的宣传水平是如此之高,包罗万象,以至于社会科学家将其作为美国生活的全部内容来依赖,由于这种持续的宣传,两国的生活都变成了一种模拟。塔维斯托克和从博德里亚尔到麦克卢汉的哲学家和社会学家一样,预测这种模拟很快就会被现实所取代。

公众对宣传的看法是将其与广告和广播谈话节目中播放的那**种党派宣**传联系起来,或者与热心的广播传教士联系起来。事实上,这些都是宣传的形式,但在大多数情况下,它们都被认为是宣传。

广告商正试图将他或她的特定产品或服务灌输到受众心中。政治评论做的是完全相同的事情,同样,宗教广播也是为了激励追随者采取特定的行动,比如支持战争或他们认为   "符合**圣经**"的国家,我们应该支持这些国家而排斥其他国家,以及改变没有承诺的听众的精神取向。通过这种方式,他们希望听**众能**够被说服,采纳演讲者的想法,或以他们为榜样,支持这个或那个目标。特别是在美国电台上,任何关于中东的'说教'都会很快显示出这个目标。

其他类型的传播，在所有形式的媒体中，其侵扰性要大得多，如故意偏袒或虚假、不完整的报道，作为真相或客观事实呈现。实际上，这是伪装成新闻的赤裸裸的宣传，而这正是塔维斯托克大学毕业生所擅长的。

强制宣传，最早是由伯纳斯在惠灵顿宫提出的，用来强行说服不愿意的民众，是通过科学的重复来完成的。第一次世界大战是惠灵顿府的大日子，有成千上万的名声，如"柏林屠夫"等。

在上一次海湾战争期间，美国人民并不倾向于担心萨达姆-侯赛因的入侵，但鲍威尔、赖斯、切尼和一连串的"权威人士"却让美国人民相信，萨达姆-侯赛因可能很快在美国上空变出"蘑菇云"，尽管他们的说法并不真实。

政府官员和军方领导人一再重复'萨达姆是对邻国的威胁'的说法，很快就有很多人加入进来。

私人组织、政治评论家、知识分子、艺术家，当然还有新闻媒体，都成为头条新闻，即使这些新闻是建立在层层谎言之上。

宣传信息不同，但基本信息总是相同的。警告的数量和所**涉及的来源的多**样性在人们心目中证实了威胁的真实性。这些口号帮助这些宣传材料的听众和读者将"危险"形象化，其目的与其说是为了保护国家，不如说是为了通过提高歇斯底里的程度来引起人们的积极参与。

这是英国和美国在自1900年至今所参与的所有战争中采用的一**种常**见做法。由此产生的恐惧气氛产生了预期的效果：迅速扩大军事研究和武器储备，并在塞尔维亚和伊拉克进行"先发制人"的打击。

宣传在越南战争期间土崩瓦解，当时美国人在自己的客厅里看到了战斗的残酷性，"防御性"战争的概念崩溃了。塞尔维亚和伊拉克战争的传播者们小心翼翼地避免让错误重演。

宣传的效果是如此之大，以至于大多数美国人仍然相信越南是一场　"反共　"战争。从一般的冷战--古巴导弹危机--到塞尔维亚，宣传使敌对行动蓬勃发展并成倍增加。

反共时代的宣传是由塔维斯托克公司量身定做的，旨在促进美国全球军事扩张的发展，这种扩张自20世纪30年代和**平关系研究所成立以来一直在**进行，麦卡锡偶然发现了这一点。

还有其他类型的阴险宣传；其他类型的宣传是针对社会行为或群体忠诚度的。我们从道德滑坡的出现中看到了这一点，在H.V.迪克斯、R.比恩、哈德利-坎特里尔和爱德华-伯纳斯这些曾经在塔维斯托克主持工作的社会科学家的精心宣传下，道德滑坡的浪潮已经席卷全球。他们的产品--宣传，是由这些欺骗和谎言的宣传员妓女制造的真理幻觉。

书目

进入疯狂之旅，戈登-托马斯

MK。Ultra 90; CIA

美国精神病学杂志》，1956年1月；Ewan Cameron博士。

与 "人类心理学调查协会
"的活动有关的文件。这是为中情局的精神控制实验作掩护。

恐怖的伦理，亚伯拉罕-**卡普**兰教授。

精神病学家与恐怖，约翰-冈教授。

劝说的技巧》，I.R.C.布朗。

The Psychotic; Understanding Madness, Andrew Crowcroft.

(一旦**你理解了** "疯狂"，它就可以在任何学科中重现）。

*心**灵之战》***，Invicta出版社。

*心**灵附体》***，Invicta出版社。

何塞-德尔加多博士的作品集

远程精神控制的实验（ESB）：罗伯特-希斯博士。

希斯博士用EGS进行了成功的实验，表明它可以创造出记忆断层，引起突然的冲动（如随机发射），在其命令下唤起恐惧、快乐和仇恨。

ESB实验，戈特利布。

戈特利布博士说，他的实验导致了一个精神文明人的产生，然后是整个精神文明社会，其中人类的每一个思想、情感、感觉和欲望都完全由大脑的电刺激控制。

戈特利布博士说，他可以让一头冲锋陷阵的公牛停下脚步；对人类进行编程，使其按指令杀人。

关于中情局在斯蒂芬-
奥尔德里奇博士的控制下利用CSE进行的实验的详细文件。

*阿兰-**卡梅伦**博士的研究论文集》*。

这些文件是与戈特利布博士进行的关于精神控制实验的大量文件一起被发现的，这些文件装在130个箱子里，他没有按照中情局的命令销毁。

纽约时报》，1974年12月。"对中情局的精神控制实验的揭露。"

除了上述内容外，还有科尔曼博士自己的作品《*形而上学、精神控制、ELF辐射和天气改变*》，该书于1984年出版，并在2005年更新。

在同一本书中，科尔曼博士解释了精神控制的工作原理，并给出了明确的例子。他在其早期作品《*20世纪的精神控制*》（[th]）的基础上进行了扩展，明确地详细说明了精神控制技术的发展。

一个动态的人格理论。库尔特-卢因博士

时间观念与士气

战争的神经质。W.R. Bion (Macmillan London 1943)

团体的经验"（《*柳叶刀*》，1943年11月27日）。

无领导小组》（伦敦1940年）。

团体的经验（信使公告）

灾难性的变化，（英国精神分析学会）。

精神分析的要素》，伦敦，1963年

边缘型人格障碍，伦敦

力量与思想》，沃尔特-李普曼

公共舆论，沃尔特-李普曼

舆论的结晶》，爱德华-伯纳斯

宣传，爱德华-伯纳斯

每日镜报》，Alfred Harmsworth 1903/1904

星期日镜报》，Alfred Harmsworth 1905/1915

人的素质，奥雷利奥-佩切伊 1967年

前面的鸿沟，奥雷利奥-佩切伊

威廉二世，德国皇帝。威廉二世的书信

列宁回忆录》，N-克鲁普斯卡娅（伦敦1942年）。

世界危机，温斯顿-丘吉尔

我们如何为美国做广告》，乔治-克里尔，纽约，1920年

威尔逊，《新自由》，Arthur S. Link，1956年

水瓶座的阴谋，玛丽莲-弗格森

大众劝说的一些原则》，多尔文-**卡特**赖特

人本主义心理学杂志》，约翰-罗林斯-里斯

了解人的行为，戈登-阿尔波特

来自火星的入侵，哈德利-坎特里尔

世界大战, H. G. Wells

恐怖的广播，*纽约时报*

科学心理学，奥尔德斯-赫胥黎

一个国王的故事, 温莎公爵

我在德国的四年，詹姆斯-W-杰拉德

铁蹄之下》，G. W. Stevens

技术电子时代，兹比格涅夫-布热津斯基

发展与管理研究所出版物，罗纳德-利珀特。

当行动研究成为一种冷战方法论

胁迫的科学, Renses Likert

管理系统和风格。

精神上的紧张。H.V. Dicks

英国精神病学的现状》，H.V. Dicks

丛林》，厄普顿-辛克莱尔

诉诸理性 换钱的人

世界大战中的宣传技术》，哈罗德-拉斯韦尔

帝国的黄昏，Berita Harding

天真与经验, Gregory Bateson

为了上帝的缘故， 贝特森和玛格丽特-米德

他们把上帝赶出了花园， R.D. Laing

迈向心灵生态学的步骤。生活的事实。

在我们的路上， 富兰克林-D-罗斯福

民主国家如何灭亡， 让-弗朗索瓦-雷维尔

迪斯雷利, Stanley Weintraub

蛮力：盟军战略战术二战。 约翰-埃利斯

南非的集中营， 纳皮尔-戴维特

南非战争的时代史》， 桑普森-洛7卷。

组织的人》， 约根-施莱曼 1965年

斯大林与德国共产主义》， 约根-施莱曼，1948年

Willi Munzenberg政治传记》， Babetta Gross 1974年

世界大战中的宣传技术》， 哈罗德-罗威尔

宣传的威胁》， 弗雷德里克-E-卢姆利 1933年

俄罗斯共产党的历史》， 伦纳德-沙皮罗1960年

新苏黎世报》， 1957年12月21日

布尔什维克的崛起和十一月革命》， A.P. Kerensky 1935年

震撼世界的十天》， 约翰-里德 1919年

已经出版

OMNIAVERITAS

OMNIA VERITAS LTD 提出了：

阴谋家的等级制度
300人委员会的历史

作者：约翰-科尔曼

这个反对上帝和人类的公开阴谋包括对大多数人类的奴役

OMNIAVERITAS

OMNIA VERITAS LTD 目前：

撒谎的外交
英国和美国政府的背叛行为记述

作者：约翰-科尔曼

联合国的创建历史是一个通过谎言进行外交的典型案例

OMNIAVERITAS

OMNIA VERITAS LTD 目前：

罗思柴尔德王朝

作者：约翰-科尔曼

历史事件往往是由一只"隐藏的手"造成的。

OMNIA VERITAS LTD 目前:

关于共济会的一切

在21世纪，共济会与其说是一个"秘密社会"，不如说是一个秘密社团。

作者：约翰-科尔曼

这本书解释了什么是共济会

OMNIA VERITAS LTD 提出了：

超越阴谋
揭开看不见的世界政府的面纱

所有重大的历史事件都是由那些围绕着自己的人秘密策划的，他们有完全的谨慎。

作者：约翰-科尔曼

高度组织化的团体总是比公民有优势

OMNIA VERITAS LTD 目前:

社会主义世界秩序的独裁统治

这些年来，当我们的注意力集中在莫斯科的共产主义的罪恶上时，华盛顿的社会主义者正忙着从美国偷东西！这就是美国的社会主义。

作者：约翰-科尔曼

"华盛顿的敌人比莫斯科的敌人更让人害怕"。

OMNIA VERITAS®   OMNIA VERITAS LTD 目前:

针对美国的毒品战争

毒品交易无法被根除，因为其管理者不会允许世界上最有利可图的市场被夺走......。

作者：约翰-科尔曼

这种受诅咒的贸易的真正推动者是这个世界的"精英"。

OMNIA VERITAS®   OMNIA VERITAS LTD 目前:

罗马俱乐部
世界新秩序的智囊团

20世纪的许多悲剧性和爆炸性事件并不是自己发生的，而是按照一个既定的模式计划的。

作者：约翰-科尔曼

谁是这些重大事件的策划者和创造者？

OMNIA VERITAS®   OMNIA VERITAS LTD 目前:

石油战争

作者：约翰-科尔曼

石油工业的历史记载带我们经历了"外交"的曲折。

垄断所有国家觊觎的资源的斗争

www.ingramcontent.com/pod-product-compliance
Lightning Source LLC
Chambersburg PA
CBHW070904270326

41927CB00011B/2452